Gisela Preuschoff

Kinder mit Mandalas zur Stille führen

Gisela Preuschoff

Kinder mit Mandalas zur Stille führen

Kreative Anregungen und praktische Übungen
für Eltern und Kinder

Herder
Freiburg · Basel · Wien

Gedruckt auf umweltfreundlichem,
chlorfrei gebleichtem Papier

Alle Rechte vorbehalten – Printed in Germany
© Verlag Herder Freiburg im Breisgau 1997
Satz: DTP-Studio Helmut Quilitz, Denzlingen
Herstellung: Freiburger Graphische Betriebe 1997
ISBN 3-451-26374-2

Inhalt

Vorwort 7
Einleitung 11

Wissenswertes 15
1. Mandala – Struktur der Liebe 15
2. Kleine Kulturgeschichte der Mandalas 21
3. Sehnsucht nach Ganzheit : Warum Mandalas
   heute so faszinieren 49
4. Symbolik im Mandala
   Farben 55
   Formen 66
   Zahlen 76

Zum Praktischen Umgang mit Mandalas 87

Kinder und Mandalas 87
Mandalas betrachten und auswählen 92
Mandalas ausmalen 94
Mandalas als Spiegel der Seele 99
Intuitives Malen von Mandalas 102
Mit Mandalas heilen 106
Mandalas legen 110
Mandalas sticken 117
Mandalas nähen 121
Mandalas körperlich darstellen 122

Kleine Rituale mit Mandalas 127

Besondere Symbole und Farben 127
Abschied gestalten 133
Etwas Neues begrüßen 136
Danken 138
Jahreszeiten-Mandalas 140
Anti-Gewalt-Mandala 141
Familien-Mandala 143
Festhalten und Loslassen 143
Schutzschild 145

Sieben Fragen und Antworten zu Mandalas 149

Literatur 155

Quellennachweis für Abbildungen · 157

Vorwort

Freude hat dieses Buch von Anfang an begleitet. Als Peter Raab vom Verlag Herder mir anbot, ein Buch über Mandalas zu schreiben, war ich sofort Feuer und Flamme. Seit vielen Jahren war dies mein Wunsch, denn die kreisrunden Meditationsbilder begleiten mich und die Kinder und Erwachsenen, mit denen ich arbeite, seit Jahren und lassen mich nicht mehr los.

Zum Zeitpunkt des Auftrages arbeitete ich gerade mit einer Gruppe von Erziehern über verschiedene therapeutische Verfahren und setzte zur Entspannung immer wieder Mandalas ein, die schließlich den Raum, den Flur und die Cafeteria der Einrichtung schmückten. Die Gruppe lachte nur, als sie von dem Auftrag erfuhr – die Mandala-Begeisterung war schon auf sie übergesprungen.

Als ich anfing, mir Gedanken über das Manuskript zu machen, bildete ich mir ein, schon recht viel über Mandalas zu wissen. Schließlich beschäftigte ich mich seit Jahren damit, hatte einige Bücher gelesen, meine Tochter und ihre Freundinnen angesteckt, verschiedene Gruppen inspiriert und immer wieder selber Mandalas gelegt, gemalt und erfunden.

Nachdem ich inzwischen sämtliche erhältliche Mandala-Literatur konsultiert habe, weiß ich, daß ich nichts weiß.

Ich bin eine absolute Anfängerin auf dem Gebiet, und

das Lernen über Mandalas wird in diesem Leben nie beendet sein.

Ich hoffe, daß dieses Bekenntnis Sie ermuntert und nicht abschreckt, denn es war ja zu ahnen: Der Kreis ist das Zeichen für Ewigkeit, und seine Ausdehnung hat keine Grenzen.

Auch wenn wir wenig wissen und vieles nur ahnen: Mandalas können unser Leben bereichern und erfreuen, sie können uns in die Stille führen, die so heilsam ist und auf viele Fragen eine Antwort weiß. Das können Sie selber ausprobieren und erfahren: in der Familie, im Kindergarten und in der Schule. Zeichnen Sie doch einfach mal einen Kreis!

Der amerikanische Psychologie-Professor Csikszentmihalyi hat in seinem Buch über Kreativität eine Geschichte aufgeschrieben, die ihm beim Erforschen von Lebensläufen besonders kreativer und erfolgreicher Menschen in die Hände fiel (vgl. ders. S. 220). Sie handelt aus dem Leben des Angiolotto Giotto di Bondone, einem italienischen Maler und Wegbereiter der Renaissance, der 1266 in Florenz geboren wurde.

In dieser Geschichte teilt der Hirtenjunge Angiolotto sein Brot und seinen Käse mit einem Reiter, der zufällig vorbeikommt. Als neugieriger Junge fragt dieser den als Boten erkennbaren Mann, was ihn in diese Gegend führt, und es stellt sich heraus, daß er die besten Künstler, Baumeister und Handwerker sucht, die bereit sind, in den Dienst seiner Heiligkeit, Papst Gregor dem X., zu treten.

Der Junge denkt eine Weile nach und fragt dann." Und woran erkennt man die besten Künstler?" Der Bote antwortet:

„Oh, man fragt herum und hört, was die Leute so erzählen. Man begutachtet ihre Werke in Kirchen und Palästen." Mit einem kleinen selbstgefälligen Lächeln setzte er hinzu: „Aber ich habe auch meine ganz eigene

Prüfungsmethode. Ich bitte jeden Mann, der als guter Künstler gilt, freihändig einen perfekten Kreis von einer Elle Durchmesser zu zeichnen. Wenn der Mann wirklich gut ist, wird er etwas zustande bringen, das einigermaßen rund aussieht..."

Angiolotto wühlt in der Asche des letzten Feuers, entnimmt ihr ein Stück Kohle und zeichnet auf den Stein, der ihm zuvor als Tisch diente – einen Kreis.

Natürlich wurde dieser Hirtenjunge ein bekannter Maler. Was mich an der Geschichte berührt ist, daß dieses Kind den Kreis offenbar in sich trug, daß es eine perfekte Vorstellung vom Kreis besaß, aus der heraus es später seine für Einfühlungsvermögen und differenziert dargestellte Gefühle berühmten Bilder schuf.

Der Kreis in uns, der Kreis in der Natur und der gemalte Kreis haben etwas ganz Besonders, etwas, das fasziniert und auffordert, einem Geheimnis auf die Spur zu kommen.

Hierbei wünsche ich Ihnen viel Freude!

Einleitung

Heilige Kreise oder Mandalas sind mir das erste Mal vor ungefähr sieben Jahren an einem ganz unheiligen Ort begegnet: Karl Baumann, ein Freund und Lehrer, brachte sie aus seiner Schule mit und erzählte, daß Kinder so etwas gern ausmalen. Es handelte sich um fotokopierte Kreismuster.

Meine Freundin und ich hatten damals gerade eine erste Klasse übernommen und uns überlegt, nach jeder großen Pause zunächst die Konflikte zu klären und dann eine kurze Ruhephase einzulegen, bei der wir ruhige Musik spielen wollten.

Die auf DIN-A4-Bögen kopierten Muster schienen eine gute Ergänzung für dieses kleine Ritual zu sein. So begannen wir, den Kindern jeden Tag eine bestimmte Melodie von Kitaro vorzuspielen und gaben ihnen die Möglichkeit, während dieser Zeit ihr Mandala auszumalen.

Der Erfolg war beeindruckend.

Selbst die schwierigsten und unruhigsten Kinder malten voller Hingabe und wie wir vereinbart hatten schweigend.

Die Atmosphäre im Raum veränderte sich auf wunderbare Weise, und die durch das Ritual verkürzte Stunde verlief friedlich und erfolgreich.

Seit dieser Zeit hat mich das Thema Mandala nicht mehr losgelassen.

Ich wollte nicht nur wissen, was Mandalas eigentlich sind, sondern auch, wo sie herkommen und wie sie wirken. Ich studierte alle zugängliche Literatur und stellte fest, daß zumindest die Autorinnen und Autoren dieser Bücher ähnliche Erfahrungen gemacht hatten: Das Thema läßt einen nicht mehr los und zieht seine Kreise.

Seit ich freiberuflich als Therapeutin arbeite und viele Fortbildungsveranstaltungen für Erzieherinnen und Lehrerinnen durchführe, konnte ich neue, überzeugende Erfahrungen sammeln, die sich auf meinen eigenen Mandala-Malkursen immer wieder bestätigen: Mandalas haben auf uns Menschen eine heilsame Wirkung, sie beruhigen, entspannen und klären, und dabei spielt es keine Rolle, ob es sich um junge oder alte Menschen handelt, ob sie etwas über Mandalas wissen oder nicht.

Mandalas machen fast allen Menschen Freude.

Dieses Buch möchte meine Erfahrungen weitergeben. Dabei ist es mir wichtig, Mandalas als Grundstruktur des Universums zu erklären und kulturelle Hintergründe aufzuzeigen. Vor allem aber liegt mir der kreative Umgang mit Mandalas am Herzen, also nicht allein das Ausmalen, sondern das Selbstgestalten von Kreisbildern.

Gerade weil ich auch zu denen gehöre, die „nicht malen können", möchte ich Menschen anregen, sich malend auszudrücken und hierfür auch Kreisbilder zu benutzen. Während kleine Kinder noch mit unbekümmerter Selbstzufriedenheit malen, brauchen viele Erwachsene Ermutigung.

Mandalas sind solche Ermutigungen. Sie helfen, der Seele in einem geschützten Raum Ausdrucksmöglichkeiten zu geben.

Mandalas kann man aber nicht nur malen. Es gilt, sie zu entdecken, achtsam zu betrachten, zu legen, zu sticken, zu nähen oder mit dem eigenen Körper zu gestalten.

Hieraus ergeben sich eine Fülle von Möglichkeiten, die letztlich alle dazu dienen, unserer Sehnsucht nach Ganzheit ein Stück näher zu kommen.

„Der Weise sieht in die Welt
und sieht das Kleine nicht als zu klein
und das Große nicht als zu groß;
denn er weiß, daß es keine Begrenzung
der Ausdehnung gibt."

Lao-Tse

Wissenswertes

1. Mandala – Struktur der Liebe

*Ich lebe mein Leben in wachsenden Ringen,
die sich über die Dinge ziehn.
Ich werde den letzten vielleicht nicht vollbringen,
aber versuchen will ich ihn.*

*Ich kreise um Gott, um den uralten Turm,
und ich kreise jahrtausendelang;
und ich weiß noch nicht: bin ich ein Falke, ein Sturm
oder ein großer Gesang.*

Rainer Maria Rilke

Ein Kind entsteht in der Regel aus der Liebe zweier Menschen.

Es ist zunächst nur ein Punkt, ein befruchtetes Ei, das für unser Auge unsichtbar klein ist.

Und der Punkt, als Form und Symbol, ist die Mitte eines Kreises.

Der Punkt enthält schon alles – jedoch im Keim, in seinen Möglichkeiten.

Im Punkt, dem kleinsten Kreis, ist Werden und Wachsen enthalten.

Der Punkt, aus dem unser Leben entsteht, ist ein Wunder.

Bei unserer Geburt wurden wir von einer Reihe kreisförmiger Muskeln durch den röhrenförmigen Geburtskanal gepreßt und durch eine kreisrunde Öffnung in die Welt hinausgestoßen. Wir trinken an runden Brüsten, wobei sich unsere runden Pupillen im Blickkontakt mit unserer Mutter begegnen. Punkt und Kreis sind Bilder, die uns aus unseren ersten Tagen vertraut sind und uns lebenslänglich begleiten.

Die Kreisform und die Kugel werden aus dem Punkt geboren. Die Kugel ist sozusagen die Ausdehnung des Punktes nach allen Richtungen.

Auch ein dreißig Meter hoher Lindenbaum wächst aus einer kleinen Kugel, dem Samen des Baumes. Und die Form der Kugel ist viel älter als der Mensch.

Unsere Erde, eine Kugel, ist ein lebendiges Mandala, ein organischer Mutterboden, von der eine Vielzahl von Grundmustern, Wellenbewegungen und Anstößen ausgeht, die sich zu einem unendlichen Prozeß von Wachstum und Wandlung, von Werden und Vergehen zusammenfügen. Sie existierte schon Milliarden von Jahren vor uns und bewegt sich auf einer kreisförmigen Umlaufbahn um die Sonne.

Alle Elemente, ob sie uns gasförmig, flüssig oder fest erscheinen, bestehen aus einem Tanz von Teilchen um einen Mittelpunkt, den Zellkern.

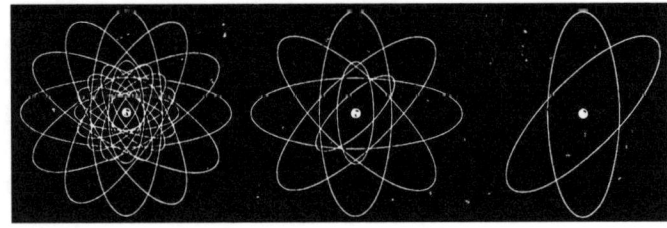

Kreis und Kugel haben Menschen von Anbeginn fasziniert, wir sind sozusagen von Geburt an auf den Kreis „eingeschworen".

In vielen Märchen und Mythen spielen Kreise und Kugeln eine Rolle, denken wir nur an die goldene Kugel bei Froschkönig oder das Märchen von der Kristallkugel. In allen Kulturen der Welt erkannten Menschen, daß sich Leben kreisförmig vollzieht, „in wachsenden Ringen", wie Rainer Maria Rilke das ausdrückte. Auch wenn sie nichts von Atomen und Zellstruktur wußten, erkannten sie, daß der Kreis etwas Heiliges hat. Sie machten das Mandala zum Symbol für unendliche Ganzheit, unendliche Ausdehnung, unendliches Leben, unendliche Leere, unendliches Glück, zum Symbol für Gott oder unendliche Liebe.

Mandalas gibt es viel länger als Menschen, viel länger als Tiere und wahrscheinlich auch länger als Pflanzen. Mandalas sind so alt wie das Universum selbst, von dem niemand genau weiß, wie alt es ist.

Entstand nicht die Welt aus einem Urknall, und ist so eine Explosion nicht auch ein Mandala?

Das Mandala ist die Quelle der Schöpfung, das Ursymbol für Nichts und Alles, das grundlegende Prinzip, aus dem heraus sich alles Leben entfaltet. Das Leben selbst ist ein Kreislauf, und niemand hat das schöner ausgedrückt als Hehaka Sapa, Schwarzer Elch: „Alles, was die Kraft der Welt bewirkt, vollzieht sich in einem Kreis. Der Himmel ist rund, und ich habe gehört, daß die Erde rund wie ein Ball ist, so wie alle Sterne auch. Der Wind in seiner größten Stärke bildet Wirbel, und die Vögel bauen ihre Nester rund. Auch die Jahreszeiten in ihrem Wechsel bilden einen großen Kreis, und kehren immer wieder. Das Leben des Menschen beschreibt einen Kreis, und so ist es mit allem, was eine Kraft bewegt."

Diese Kraft, die das alles bewegt, heißt für mich Liebe.

Wir finden sie überall in unserem Alltag wieder, wenn wir offen und achtsam sind. Schneekristall-Mandalas fallen im Winter milliardenfach vom Himmel, Schneeglöckchen, Gänseblümchen, Narzissen und Löwenzahn sind nur eine kleine Auswahl der Fülle kreisrunder Blüten im Frühjahr, die sich mit steigender Sonne immer üppiger entfalten. Später im Jahr genießen wir kreisrunde Beeren und Früchte.

Bäume wachsen in Ringen, Stengel sind rund, und die Steine, die wir ins Wasser werfen, bilden Kreise. Wer im Sommer anfängt, draußen in der Natur nach Mandalas zu suchen, kann kaum wieder aufhören...

Zur Ursprungserfahrung mit dieser Gestalt des Runden, Vollkommenen, gehört die Gebärde des Umarmens. Ein Mensch umschließt einen anderen liebevoll.

In allen Jahreszeiten laufen Kinder auf ihre Eltern zu und werden von ihnen im Kreis herumgewirbelt.

Und gibt es schönere, liebevollere Spiele als die im Kreis?

Der Kreis schließt niemanden aus. Er hat keine Ecken und ist die Form, an der niemand anecken kann, die niemanden verletzt und die man ohne abzusetzen, ohne Richtungsänderung zeichnen kann.

Kinder drehen sich spontan im Kreis herum oder tanzen gemeinsam mit anderen Ringel-Ringel-Rose, genauso, wie alle Völker ursprünglich tausende von Kreistänzen kannten.

Von ihnen geht eine ungeheure Kraft aus.
Die Kraft der Einheit, die Kraft der Liebe.

Zu allen Zeiten waren Menschen von den kreisförmigen Symbolen fasziniert, die unsere eigene Struktur, unsere Kraft und Kreativität, unsere Fülle und unseren Reichtum bewußt machen.

Mandalas drücken die unendliche und unbegreifliche Liebe aus, die Leben entstehen und wachsen läßt, das strahlende Zentrum, aus dem alles hervorgeht und in dem alles verborgen ist.

Was liegt da näher, als in Familie, Kindergarten oder Schule Kreise zu bilden, Kreise zu malen, Kreisbilder zu legen, sich tanzend zum Kreis zusammenzuschließen?

2. Kleine Kulturgeschichte der Mandalas

Ich möchte in diesem Kapitel kurz auf die kulturellen, historischen und philosophischen bzw. religiösen Wurzeln von Mandalas, die unabhängig voneinander auf allen Kontinenten entstanden sind, eingehen. Diese Ausführungen können nur als Anregung dienen, sich intensiver mit dem Reichtum dieser Kulturen zu beschäftigen, was mir in einer Zeit der gewalttätigen Auseinandersetzungen zwischen Menschen und gegen die Natur besonders notwendig erscheint. Ich kann nur immer wieder ehrfürchtig Staunen vor dem tiefen Wissen, das andere Völker und ganz sicher auch unsere eigenen Vorfahren vor vielen tausend Jahren besaßen und lebten.

Die Wiederentdeckung oder Rückbesinnung auf diese Weisheit, verbunden mit unseren gegenwärtigen Erfahrungen, führt schon heute zu einer Neuorientierung, die ich persönlich mit der Hoffnung verbinde, daß unsere Erde doch eine Zukunft haben kann.

In Kindergärten und Schulen finden sich heute Kinder und Eltern verschiedenster Kulturen und Nationalitäten zusammen.

Mandalas sind ein Weg, um die Vielfalt menschlichen Seins darzustellen. Indem wir von den Kulturen und Religionen der anderen lernen, können wir erleben, daß das Leben unendlich viel reicher und bunter ist, als wir es uns vorstellen können. Mandalas sind Symbole für die Einheit in der Vielfalt, und es ist unsere Aufgabe, in die große Menschenfamilie alle Kulturen mit ihren Formen und Symbolen aufzunehmen und gemeinsam aus diesem Reichtum zu schöpfen.

Mit diesem Kapitel möchte ich einen kleinen Beitrag zum Blick über die Grenzen leisten, zur Begegnung und zur Liebe unter den Menschen, die alle einzigartig und doch gleich sind.

Die ersten von Menschen angefertigten Mandalas entstanden viel früher als die heute überlieferten. Sie wurden in die Erde geritzt, auf Stein gemalt oder mit Blüten und Früchten gelegt. Sie wurden in Ritualen verwandt, die der Heilung, dem Dank und dem alltäglichen Gewahrsein dienten. Der Kreis und das Runde hatten von Anbeginn ihren festen Platz. Die Weltsicht dieser ersten Menschen baute offensichtlich auf magischen Vorstellungen auf. Hinter allen Erscheinungen in der Natur wurden geheime Kräfte gesehen, denen es zu danken galt, mit denen man sich aber auch verständigen mußte. Mandalas dienten dazu, sich die Grundbefindlichkeit oder das Wesen der Natur zu verdeutlichen.

Von besonderer Eindringlichkeit sind sicherlich die großen Steinkreise, die frühere Kulturen mit großer Anstrengung errichtet haben. Unglaublich viel Mühe wurde dafür aufgebracht, die riesigen Felsen, die oft mehrere Meter hoch waren, heranzuschaffen und zu eindrucksvollen Kreisen aufzurichten. Ihre Größe und Wuchtigkeit vermittelt ein Gefühl von Stärke und Unzerstörbarkeit des Ewigen, und die Kreisform überbringt die Idee von Heiligkeit und Ganzheit.

In Stonehenge, den alten Steinkreisen in England, sind unglaublich präzise Naturbeobachtungen eingearbeitet, die auf ein erstaunliches Wissen der damaligen Menschen schließen lassen. Stonehenge besteht aus zwei konzentrischen Kreisen: dem inneren Sandsteinkreis aus ursprünglich 30 aufrecht stehenden Steinen und dem äußeren Kreis der Trilithine mit 56 Steinen. Zwischen den einzelnen Steinen beider Kreise kann man zum Mittelpunkt hindurchgehen, von wo aus der Lauf der Sterne und Planeten, der Sonne und des Mondes beobachtet, vermessen und verehrt werden kann. Aus dem Geist heraus, daß das Mandala ein Symbol für den Kreislauf von Leben und Tod, für das kosmische Weiterschreiten von Lebewesen, Planeten und Gestirnen, für die irdischen Jahreszeiten und die Zyklen im Milchstraßensystem ist, errichteten die Druiden des alten England Stonehenge. Dieser heilige Platz hatte aber auch eine soziale Bedeutung: An ihm fand sich die Gemeinschaft zusammen, um ihre Verbundenheit miteinander zum Ausdruck zu bringen. Sie gründete sich auf die heiligen Werte, die in der Struktur des Kreises verdeutlicht wurden. Stonehenge übte so eine stabilisierende und segnende Wirkung auf die Gemeinschaft und ihre einzelnen Mitglieder aus.

Ein weiteres, in fast allen prähistorischen Kulturen anzutreffendes Symbol ist das Sonnenrad, das natürliche Zeichen alles sich bewgenden Lebens, das durch die nie ermüdende Kraft der Sonne gespeist wird.

Beim Sonnenrad dehnt sich der Mittelpunkt kardinal aus und wird zum einfachen Kreuz, das die vier Himmelsrichtungen und die vier Elemente darstellt. Umschlossen wird dieses gleichschenklige Kreuz von einem Kreis, von dem symbolisch Sonnenstrahlen ausgehen.

Sonnenräder wurden in unzähligen, von der jeweiligen Kultur abhängigen Varianten hergestellt. Durch Sonnenräder inspiriert, erschuf das Kunsthandwerk der jeweiligen Völker eine Vielzahl von Ornamenten, die bis heute sichtbar sind.

Die Kelten, die ja zu unseren Vorfahren gehören, haben uns eine Fülle von äußerst kunstvollen Mandalas überliefert. Man fand sie auf Broschen und Gürtelschnallen, auf Tellern und Schalen. Geheimnisvolle Knoten und Schlingen zeigen uns, was heute langsam wieder in unsere Köpfe kommt: **Alles ist mit allem verbunden.**

Abb.: Mittelteil eines mit Email verzierten Bronzeschildes aus der Themse bei Battersea

Abb.: Silberne Scheibe mit neun Köpfen aus Maneribo

Indianische Völker und andere Kulturen, die Schamanen als Heiler, Weise und Führer anerkennen und in tiefer Verbundenheit mit der Natur und ihren Rhythmen und Zyklen lebten, haben die Kreisform auf verschiedene Weise dargestellt. Einer ihrer wesentlichen Grundsätze lautet, die natürliche Ordnung nicht zu stören und in Harmonie mit „allen Verwandten", womit Pflanzen, Tiere und Steine, aber auch Geister gemeint sind, zu leben. Nur wer diese kosmische Ordnung auch in sich selbst lebt und spürt, kann Zugang zu den verborgenen Kräften und Wesenheiten erhalten. Ganzheitliche Reinigungsverfahren z. B. in der Schwitzhütte oder bestimmte Zeremonien und Tänze, Masken und Bekleidungen sowie Musikinstrumente, vor allem Trommeln, spielen dabei eine große Rolle. Sie helfen, sich immer wieder auf das Wesentliche zu besinnen und Kontakte zur anderen Dimension herzustellen.

Das Wissen und die Weisheit des Schamanen kommt aus dieser verborgenen Welt hinter der realen Wirklichkeit. Von Geistern oder Ahnen erhält er klare Anweisung, was zu tun ist. Dabei hat das Mandala als visionäres Hilfsmittel eine grundsätzliche Bedeutung, symbolisiert es doch auf vortreffliche Weise die Einheit des Menschen mit der Natur. Die Trommel, immer kreisrund, hilft dem Schamanen, in Trance zu geraten und die Geister herbeizurufen. Oft symbolisiert die Trommel gleichzeitig den Kosmos mit den vier Himmelsrichtungen, die durch vier Bänder oder Sehnen dargestellt werden. Genau im Kreuzungspunkt dieser vier Sehnen, der den Mittelpunkt der Welt symbolisiert, wird die schamanische Trommel von ihrem Spieler gehalten.

Interessant ist, daß schamanische Techniken und Symbole auf der ganzen Welt auffindbar sind, und daß z. B. bei den Ureinwohnern Sibiriens und Amerikas ganz ähnliche Rituale abgehalten werden.

Das Medizinrad, wie es durch Sun Bear, einem Chippewa-Medizinmann, auch bei uns bekannt geworden ist, besteht aus einem Steinkreis, der kardinal durch ein Kreuz geteilt ist und einen kleinen Innenkreis von sieben Steinen, die den Mittelpunkt umrunden.

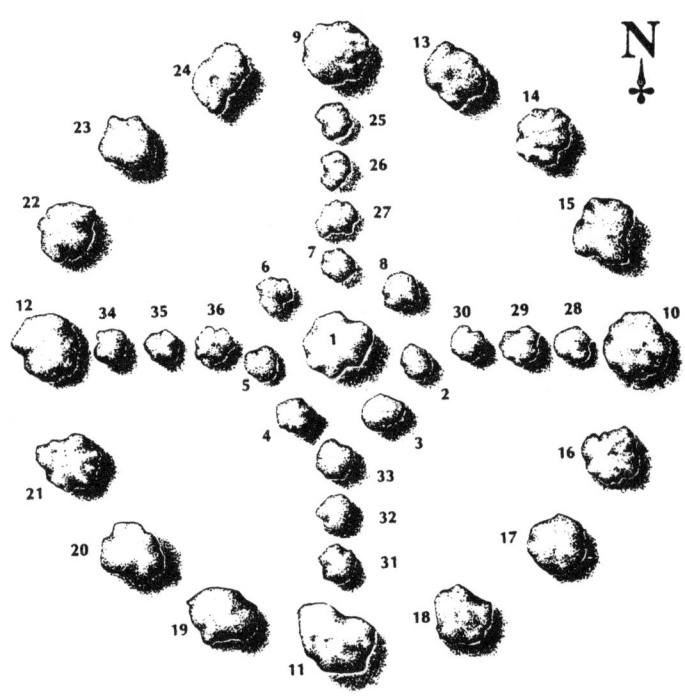

Das Medizinrad

1. Schöpfer	10. Wabun	19. Specht	28. Klarheit
2. Mutter Erde	11. Shawnodese	20. Stör	29. Weisheit
3. Vater Sonne	12. Mudjekeewis	21. Braunbär	30. Erleuchtung
4. Großmutter Mond	13. Schneegans	22. Rabe	31. Wachstum
5. Schildkröte	14. Otter	23. Schlange	32. Vertrauen
6. Frosch	15. Puma	24. Elch	33. Liebe
7. Donnervogel	16. Roter Habicht	25. Reinigung	34. Erfahrung
8. Schmetterling	17. Biber	26. Erneuerung	35. Einsicht
9. Waboose	18. Hirsch	27. Reinheit	36. Stärke

Ein vollständiges Medizinrad

Es basiert auf der indianischen Vorstellung vom menschlichen Leben als einem Kreis von Geburt, Tod und Wiedergeburt, der wiederum eingebettet ist in den Kreislauf der Natur.

Nach diesem Verständnis tritt der Mensch an einem bestimmten, von dem jeweiligen Mond, in dem er geboren wird, geprägten Ausgangspunkt in den Kreis ein. Die Kreuzlinien markieren die vier Himmelsrichtungen, die als „Hüter des Geistes" wiederum auch eine symbolische Bedeutung haben.

Die Steine werden in Sonnenrichtung, also im Uhrzeigersinn, gelegt. Insgesamt werden für ein Medizinrad 36 Steine verwendet, die alle eine bestimmte Bedeutung haben.

Vor Ankunft der Europäer soll es in Amerika 20 000 solcher Medizinräder gegeben haben, die den Ureinwohnern zu vielen verschiedenen Zwecken dienten.

Sie waren zeremonielle Kulturzentren, astronomische Labors und Plätze, an denen Menschen Veränderungen in ihrem eigenen Leben und im Leben der Erde markieren konnten. Sie wurden an Plätze gestellt, an denen man die Energie der Erde deutlich spüren konnte.

Den Mittelpunkt des Medizinrades bildet der Schöpferstein, das Symbol des Schöpfers allen Lebens. Etwas südlich vom Osten wird der Stein der Mutter Erde gelegt, das Wesen, das uns das Leben und unser Zuhause schenkt.

Daneben kommt der Stein vom himmlischen Vater, der Sonne. Er ist Quelle von Wärme und Leben, gefolgt von Großmutter Mond, die Träume und Visionen leitet. Es folgen die Tierclans, die die Elemente Erde, Wasser, Feuer und Luft symbolisieren, und die zwölf Mondsteine, die das Jahr unterteilen.Vervollständigt wird das Medizinrad durch die vier Pfade des Geistes, die jeweils aus drei Steinen bestehen: Sie heißen: Reinigung, Erneuerung, Reinheit, Klarheit, Weisheit, Erleuchtung, Wachstum, Vertrauen, Liebe, Erfahrung, Einsicht und Stärke.

Wenn man sich mit der umfassenden und zunächst vielleicht ungewöhnlich erscheinenden Symbolik des Medizinrades vertraut gemacht hat und in Meditation geübt ist, kann das Medizinrad Hilfe bei körperlichen und seelischen Problemen bringen.

Die Hopi-Indianer haben das einfache Mandala des Radkreuzes als Grundsymbol für ihre Verbundenheit mit Natur und Kosmos gewählt. Es erinnert sie daran, in ihrem alltäglichen Leben stets im Einvernehmen mit den Naturkräften zu bleiben. Als Schildsymbol enthalten die vier Teile des Radkreuzes jeweils einen kleineren Kreis, die die vier Menschenrassen rot, gelb, schwarz und weiß symbolisieren können, die dem Gesetz des Schöpfers folgend, die Erde im Gleichgewicht halten sollen.

Die Navajo-Indianer in Arizona erstellen Sandgemälde aus fein zermahlenen Steinchen, Maismehl, zerriebenen Blütenblättern und Farberden her. Die Vorlagen für diese über tausend verschiedenen Bilder wurden den Medizinmännern vor langer Zeit direkt aus der Himmelswelt übergeben und sind in ihrer Kultur nirgendwo aufgezeichnet oder festgehalten. Der Medizinmann muß die Motive daher auswendig lernen und für jede Zeremonie neu in den Sand malen.

Die Gemälde haben einen quadratischen, rechteckigen oder kreisförmigen Grundriß. Letztere sind oft von einer Schlange umwunden, die einen symbolischen Schutzkreis um das Gemälde zieht. Immer zielt das Ritual darauf ab, die Harmonie, die heilige Ordnung des Lebens, wiederherzustellen, die sich symbolisch in der Symmetrie der Bilder ausdrückt.

Nach Beendigung des Rituals werden die heiligen Bilder sofort zerstört, damit kein Mißbrauch mit ihnen getrieben werden kann.

Die kunstvollen Mandalas des Hinduismus oder des tibetischen Buddhismus, die man heute auch bei uns immer häufiger abgebildet sieht, stammen meist aus dem 17. oder 18. Jahrhundert. Durch sie hat sich auch das Sanskrit-Wort „Mandala" bei uns verbreitet, das ja Kreis bedeutet.

Diese Religionen sind jedoch viel älter, älter als das Christentum, das Judentum und der Islam.

Der Ayur-Veda, die indische Lehre vom Leben, von einem gesunden Leben im Einklang mit den göttlichen Energien, soll mindestens 5ooo Jahre alt sein. Die Grundgedanken dieser Lehre sind in Texten niedergelegt, den Veden. Sie gelten weltweit als älteste schriftliche Zeugnisse einer religiösen Kultur. Im ersten Buch des Rig-Veda wird erklärt, daß die zahlreichen indischen Götter Namen und Formen des einen Seins sind, welches selbst weder Namen noch Form kennt. Damit ist die wesentliche Lehre des Hinduismus bereits zusammengefaßt.

Die Lotusblüte, selbst ein wunderschönes Mandala, ist das Symbol des sich entfaltenden Universums, das von göttlicher Urenergie durchdrungen ist. Diese Urenergie hält alles zusammen, und in ihr ist alles begründet. Sie manifestiert sich durch OM, die schöpferische Ursilbe, die manchmal auch den Mittelpunkt indischer Mandalas bildet (vgl. S. 29).

Andere Mandalas bestehen aus rein geometrischen Formen: Kreis, Quadrat und Dreieck, die auch Yantras genannt werden. Sie symbolisieren Shiva, das Prinzip des höchsten Bewußtseins. Das Sri Yantra (Abbildung) ist eines der heiligsten Meditationsbilder Indiens.

In diesem Mandala vereinen sich Dreiecke, die mit der Spitze nach oben oder nach unten zeigen. Der Überlieferung nach drücken sie die Vereinigung von Shiva und Shakti aus, des göttlichen Paares oder des männlichen und weiblichen Prinzips.Während die Göttin die persönlich-zeitliche Welt des Irdischen vertritt, vertritt der Gott die unpersönliche zeitlose Welt des Geistes. Dieses Paar stellt die Einheit der Gegensätze dar oder die polare Ganzheit der Seele. Die Göttin steht hier für das Unbewußte, der Gott für das Bewußtsein.

Shiva wird oft auch als göttlicher Tänzer dargestellt. Er befindet sich dann inmitten eines Mandalas, eines Kreises aus Flammen (Abb). Die Flammen symbolisieren Weltenbrände, und Shiva tanzt inmitten des Feuers. Mit einer Hand schlägt er auf der Trommel den Rhythmus des Universums, in der anderen hält er die Flamme der Zerstörung und der Kreativität – denn nichts Neues entsteht ohne Zerstörung des Alten. Eine dritte Hand ist zum Friedenssegen erhoben, und eine vierte zeigt auf seinen erhobenen Fuß als Zeichen der Befreiung. Mit dem anderen Fuß steht er auf dem Dämon der Dummheit und Verblendung.

Shiva tanzt die gesamte Existenz. Das Leben ist ein Tanz mit zunächst widersprüchlich erscheinenden Elementen, die jedoch alle Teil des großen Ganzen sind.

Shiva ist, wie alle anderen Götter auch, ein Symbol. Er ist, wie Brahman, Bewußt-Sein, das identisch ist mit dem inneren Selbst des Menschen. Der Mensch selber trägt den göttlichen Kern in sich, kann die tiefste Wahrheit in sich selber finden, genauso wie in der ganzen Schöpfung. Der Mensch ist seinem Wesen nach nicht von der Schöpfung getrennt, sondern im tiefsten Sinne eins mit ihr. Alle Gegensätze sind nur verschiedene Ausprägungen des einen Seins. Genau das wird im Mandala ausgedrückt.

Siddharta war ein indischer Prinz, der unter einem großen Baum nach intensiver Suche und Meditation die Erleuchtung bekam, daß das Leben ein ewiger Fluß des Wandels ist, daß alle Existenz im tiefsten Grunde leer ist. Buddha, wie sich Siddharta später nannte, heißt: der Erwachte. Er wird in fast allen Darstellungen als auf dem Lotus sitzend gemalt, und auf vielen buddhistischen Mandalas ist eine Rosette von Lotusblüten zu erkennen, während die Mitte oft leer ist. Diese Leere symbolisiert einerseits die Leere aller Existenz, andererseits den in der Meditation angestrebten Bewußtseinszustand.

Erst wenn der Geist vollkommen leer geworden ist, kann er in seinem ursprünglichen Sein erscheinen. Das Göttliche erscheint hier als Leere, die sich sowohl in allem belebten Sein (Samsara) mit all seinen verschiedenen Formen und Bindungen, als auch jenseits der Veränderungen im ewigen Nichts oder im Reich der Leere (Nirwana) befindet.

So wie das Meer an jeder Stelle salzig schmeckt, erklärte Buddha, können auch alle konkreten Gegebenheiten denselben Geschmack der Leere haben. In diesem Sinne sind Samsara und Nirwana identisch, denn jeder Punkt ist seinem Wesen nach leer und kann daher als kreatives Zentrum der Wirklichkeit angesehen werden, aus dem sich wie aus einem Samen ein neues Universum entwickelt.

Mit seiner Lehre hat Buddha das „große Dharma-Rad", das Rad der Weisheit, in Bewegung gesetzt. Es wird häufig als ein Rad mit acht Speichen dargestellt, die die Grundbedingungen des Weges zum Erwachen symbolisieren. Diese acht Grundprinzipien sind:

1. rechte Einsicht
2. rechte Gesinnung
3. rechte Rede
4. rechte Tat
5. rechter Lebenserwerb
6. rechte Anstrengung
7. rechte Achtsamkeit
8. rechte Konzentration oder Sammlung.

In allen Zweigen des Buddhismus wurde die Symbolik des Mandala gepflegt und erforscht.

In Tibet hat die Tradition des Mandala viele besonders berühmte Gemälde, Thankas (Rollbilder), Teppiche und die Kunst, Mandalas aus Sand zu rieseln, entstehen lassen, die bis heute ununterbrochen praktiziert, geachtet und weitergegeben wird.

In der Konzeption vieler Mandalas spielt der Berg Kailash im Himalaya eine dominierende Rolle. Er ist Buddhisten und Hindus gleichermaßen heilig. Die Tibeter sehen ihn als Weltachse und Zentrum der Welt, von dem aus sich die vier Weltteile ausbreiten. Im Norden liegt Videha, halbmondförmig und weiß dargestellt, im Süden Jambudvipa, dreieckig und blau, im Westen Goddhyana, kreisförmig und rot und im Norden Uttarakura, quadratisch und gelb. Die geometrischen Figuren und Farben stehen dabei gleichzeitig für die Elemente Wasser, Feuer, Luft und Erde und damit auch für die Aggregatzustände flüssig, sich verwandelnd, gasförmig und fest.

Der symbolische Reichtum der tibetischen Mandalas ist jedoch außerordentlich groß und kann, wie auch die Farbgebung, unterschiedlich sein.

Es gibt Mandalas, die der körperlichen und psychischen Heilung dienen, andere sind als Hilfsmittel für die Meditation gedacht. Jedes tibetische Mandala birgt in sich ein Geheimnis, das sich dem Menschen letztendlich nur in der Meditation und durch seine selbstlose Geisteshaltung offenbart.

Die Beschäftigung mit einem speziellen Mandala soll dem Meditierenden besondere Bewußtseinsaspekte verdeutlichen und wird oft von einem Meditationsmeister für seinen speziellen Schüler empfohlen.

Ein besonders wichtiges Mandala in der tibetischen Tradition des Tantrismus ist das sogenannte Kalachakra-Mandala. Es unterscheidet sich in der Bedeutung und Symbolik von allen anderen. In einer mehrtägigen Zeremonie wird es nach genauen Vorschriften mit gefärbtem Pulver auf einer rituell gereinigten und vorbereiteten Fläche errichtet. Die intensive Konzentration geistiger Kraft durch das Mandala-Ritual dient einer großen Bewußtseinsreinigung und der Vorbereitung auf den Augenblick des Todes. Am Ende der Zeremonie wird das Mandala schließlich durch Zusammenwischen des aus natürlichen Substanzen hergestellten Farbpulvers zerstört und in einen Fluß geschüttet, damit es sich wieder mit der gesamten Existenz verbinden kann. Das Kalachakra-Mandala-Ritual wurde vom Oberhaupt des tibetischen Buddhismus und Volkes, dem 14. Dalai Lama, auch schon im Westen abgehalten und ist ein wesentlicher Beitrag des Buddhismus zur Schaffung und Erhaltung des Weltfriedens.

Gerade die Zerstörung des Mandalas am Ende mutet viele Erwachsenen befremdlich an. Wir sind es gewohnt, Kunstwerke zu sammeln und zu horten, keinesfalls jedoch zu zerstören. Ein zentrales Anliegen des Buddhismus ist jedoch, sich zu vergegenwärtigen, daß jede Situation, sei sie angenehm oder schrecklich, vergänglich ist. Wenn wir dessen gewahr sind und „nicht anhaften", also uns nicht an etwas – sei es eine Person oder ein Gegenstand oder Geld – klammern, können wir glücklich werden.

Die Zerstörung des Mandalas ist ein wesentlicher Teil der Zeremonie, ein mahnendes Symbol. Eine andere Form ist die ebenfalls aus dem tibetischen Buddhismus stammende Form „Darbietung des Mandala". Auch sie soll dem Praktizierenden helfen, die Vergänglichkeit allen Seins zu beachten: Auf eine goldene Scheibe, die die eigene Buddha-Natur symbolisiert, werden Reis- und Getreidekörner zusammen mit Edelsteinen oder Perlen gestreut. Die Mandala-Scheibe wird in Herzhöhe gehalten, und mit einer Handbewegung werden die Körner und Steine weggewischt, wobei vorgeschriebene Verse rezitiert werden. Mit diesem kleinen Ritual sollen symbolisch die Begierde, der Haß und die Unwissenheit geopfert werden oder anders ausgedrückt: Alle Reichtümer der Welt werden symbolisch weggegeben – denn wenn ich auf alles, was ich habe, verzichten kann, hänge ich an nichts mehr und kann deshalb auch nicht leiden, sondern glücklich im gegenwärtigen Augenblick **sein.**

Die Mandala-Struktur findet sich in Tibet und in anderen Ländern mit buddhistischen Gläubigen wie Thailand, Mongolei, Indien, China und Ceylon auch in der Architektur. Einige eindrucksvolle Gebäude, Tempel, Klöster und Pilgerstätten wurden in der Mandala-Grundgestalt errichtet. Das dreidimensionale Mandala ist der Stupa, ein Sakralbau, der aus verschiedenen Etagen besteht, die die Gläubigen spiralförmig umkreisen. Dieses Beschreiten erinnert an einen meditativen Gang durch einen Mandala-Palast und versinnbildlicht den Stufenweg zur Erleuchtung, auf dem der Pilger vom Grobstofflichen zum Feinstofflichen voranschreitet und schließlich den formlosen geistigen Bereich der Glückseligkeit und Leere erreicht.

Im tantrischen Buddhismus wird der Begriff des Mandala in der Regel sehr weit verwendet. Das alltägliche Leben selbst mit all seinen Formen, Farben und Aspekten kann als Mandala angesehen und verstanden werden. Die verschiedenen Wahrnehmungen, die wir in jeder Minute vollziehen, werden von uns ständig zu einem Mandala geordnet, indem wir eine Erfahrung mit einer anderen zusammenfügen und die Wirklichkeit immer wieder als ein unendlich vielschichtiges Mandala erfahren, das die Einheit in der Vielfalt und die Vielfalt in der Einheit symbolisiert. Dies ist ein wesentlicher Bestandteil der Meditation.

Indem wir uns als Menschen in unseren Körper begeben haben, hat die Wirklichkeit selbst in uns Gestalt angenommen, und in unserer Erfahrung erfährt sich die Wirklichkeit alltäglich selbst.

Aus der chinesischen Kultur kennt wohl jeder das Yin-Yang-Mandala. Es symbolisiert auf einzigartige Weise die Bedeutung von Harmonie und Ausgleich in der alten chinesischen Philosophie und Kultur.

Im Yin-Yang-Mandala sind die beiden polaren Grundkräfte ineinander veschlungen auf eine Weise dargestellt, daß sie sich optimal ergänzen und eine vollkommene Einheit bilden.

Yin, das schwarze Symbol, steht für weibliche Kraft, Bezug zum Mond, Dunkelheit, Erdkräfte, Nichtsein, Ruhe, Wasser und Gefühle. Es enthält jedoch einen weißen Punkt – den männlichen Aspekt im Weiblichen. Denn keine Nacht ist ohne Stern und jedes Weibliche hat auch einen männlichen Anteil. Beides gehört untrennbar zusammen, das eine ist ohne das andere undenkbar.

Der helle Yang-Teil des Symbols steht für Männlichkeit, Aktivität, Tätigkeit, Sonne und Hitze, himmliche Kräfte und Helligkeit. Es trägt des dunklen Punkt des Weiblichen in sich – denn kein Licht ist ohne Schatten, kein Feuer ohne Asche.

Der Mensch steht zwischen Himmel (Yang) und Erde (Yin), zwischen Sein (Erde) und Nichtsein (Himmel), und obwohl es uns anders erscheinen mag, sind diese beiden Kräfte nicht voneinander getrennt.

Der Himmel ist gleichzeitig Symbol für alle hohen Ideale, für die Erfahrung der Grenzenlosigkeit, der Schöpferkraft und Heiligkeit der göttlichen Welt.

Die Erde steht für die konkrete Wirklichkeit, für Empfänglichkeit, Fruchtbarkeit, Farben und Formen. Sie ist der Urgrund, der das Leben trägt und nährt.

Der Mensch kann nun die Erde, wenn er eine rechte Beziehung zwischen ihr und dem Himmel herstellt, kultivieren und auf ihr ein vollkommenes, mit den Kräften des Himmels verbundenes Leben führen. Er ist das Bindeglied zwischen den beiden Grundaspekten, die er in sich selbst ausgleichen kann und soll.

Es ist seine Aufgabe, in Harmonie mit den Kräften des Himmels und der Erde, in Harmonie mit Yin und Yang zu leben, die grenzenlose Weite mit der sinnlichen Kraft zu verknüpfen.

Im Judentum hat der sechs-zackige Stern Davids, das Hexagramm, große Bedeutung.

König David, der vor rund 3000 Jahren über Israel herrschte, ist für seine Weisheit bekannt. Er besiegte nicht nur als Knabe Goliath, den Riesen, sondern schrieb auch Psalmen und spielte Harfe.

Der Stern besteht aus zwei Dreiecken, die die Verbundenheit Gottes mit den Menschen darstellen, ihre innigste und unlösbare Verbindung, symbolisiert auch durch die Bundeslade. Gott hat einen Bund mit den Menschen geschlossen, ihnen die Gesetze gegeben, die in den Schriftenrollen aufbewahrt sind, und ihnen versprochen, immer und ewig für sie zu sorgen. Der Davidstern ist das äußere Zeichen dieses Bundes. Weil ein Stern auch den Messias und damit die Erlösung von allem Leid ankündigt, ist der Davidstern auch ein Symbol der Hoffnung und der Sinnhaftigkeit des Lebens und des Schicksals.

Erinnert werden sollte auch daran, daß die Nazis den Davidstern zur Kennzeichnung jüdischer Menschen in Deutschland auf unmenschlichste Weise mißbrauchten. Es war der dänische König, der bis heute als Beispiel für Weisheit und Toleranz gelten kann, der sich 1943, als Dänemark von Deutschen besetzt war und diese die Auslieferung jüdischer dänischer Bürger erzwingen wollten, selber diesen Stern anheftete und die Bürger seines Landes aufforderte, dasselbe zu tun. Wenn alle den Davidstern tragen, ist er nicht mehr als Zeichen der Diskriminierung zu gebrauchen und wird wieder zum Symbol für Hoffnung und Menschlichkeit, die sich durch die Verbindung zu Gott herstellt.

Das Grundsymbol des Christentums ist das Kreuz.
Als Zeichen ist es viel älter als die christliche Lehre. Durch den Leidensweg Jesu erhält es jedoch eine weitere und tiefere Symbolik. Es ist das Zeichen für Tod und Leiden, aber auch für Auferstehung und Leben.

Das Kreuz als Grundsymbol weist den Menschen auf seine eigene Mitte hin, auf die Einheit von Himmel und Erde, von Materie und Geist, von Mensch und Gott. „Wie im Himmel, so auf Erden", sagte Jesus, und: „Ich und der Vater sind eins."

Jeder Mensch ist dazu aufgerufen, seine eigene Göttlichkeit in seiner menschlichen Gestalt zu erkennen und

Einige von vielen Kreuzzeichen

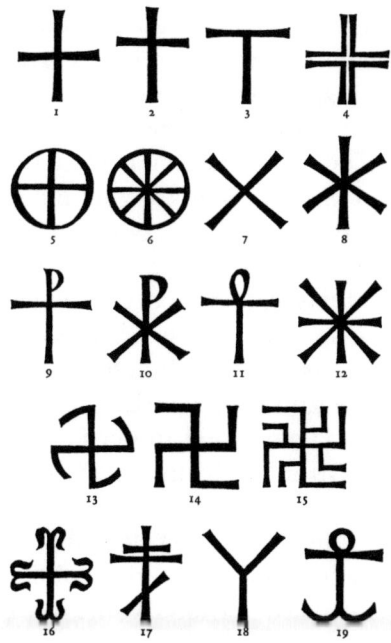

1 gleichseitiges Urkreuz, Crux immissa quadrata
2 lateinisches Kreuz, Crux ordinaria, mit verlängertem vertikalem Balken
3 Tau-Kreuz, Crux commissa
4 das aus vier freien Winkeln gebildete Gamma-Kreuz
5 Sonnenrad, in einfacher Form
6 Sonnenrad, zugleich Monogramm Christi aus I-Jesus, X-Christus
7 Andreas-Kreuz, Crux decussata, Grenzkreuz der Römer
8 Monogramm Christi
9 ägyptisches Henkelkreuz, Hieroglyphe für Leben
10 Christusmonogramm, aufgehende Sonne über dem Horizont
11 Sonnenzeichen und Christusmonogramm
12 Christusmonogramm, zugleich Doppelkreuz
13 rechtsläufiges Hakenkreuz mit runden Balken
14 rechtsläufiges Hakenkreuz mit eckigen Balken
15 erweitertes Hakenkreuz
16 Lilien- oder Ankerkreuz
17 Kreuz der orthodoxen Kirche mit dem schrägen Fußhaken
18 Gabelkreuz
19 Ankerkreuz, das Tau-Kreuz enthaltend

anzunehmen. Das Kreuz, in dessen Mitte die Dualität und Trennung überwunden ist, gehört nicht nur zu den ersten Symbolen der Menschheit überhaupt, sondern ist **das** Symbol des vollkommenen Lebens. (Das Kruzifix mit dem leidenden Jesus daran wurde erst viel später von der Kirche zu einem Symbol erhoben. „Die Nachfolge Christi muß nicht von besonderen Leiden und Schmerzen gekennzeichnet sein...sondern von einer Zuwendung zur Christusmitte." (Paulus: „Nicht ich lebe, sondern Christus lebt in mir.") Dies ist die eigentliche Umkehr (Conversio) und das Annehmen des „eigenen Kreuzes", von dem Jesus spricht. Diese Christusmitte wird von Jesus selbst als das „Himmelreich Gottes" bezeichnet, und er sagt wiederum ganz deutlich: „Das Himmelreich ist in euch!" Im Herzen und in der Erfahrung der Liebe liegt daher die Grunderfahrung des Christen, zu der er aufgerufen ist. Das Kreuz als Zeichen der Liebe und als Archetyp der Einheit von Gott und Mensch (oder in der biblischen Sprache von ‚Vater und Sohn') soll jeden an seine zweifache Natur erinnern und ihm seine eigene Göttlichkeit bewußt machen." (Holitzka S. 170)

Das Grundmotiv des Kreuzes wurde im Christentum auf vielfältig variierte Weise verwendet. Häufig wird die griechische Version mit gleich langen Enden dargestellt. Diese Form diente auch als Grundriß für byzanthinische Kirchen. In der griechisch-othodoxen Kirche erhalten alle Menschen bei der Taufe ein goldenes Kreuz, das sie niemals ablegen.

Bei uns ist das „lateinische Kreuz" mit dem längeren Ende bekannt. Es diente als Grundriß für abendländische Kirchen und als Symbol für Grabdenkmale. Dieses Kreuz zeigt die Tendenz des Christentums bis zum Hochmittelalter, das Zentrum des Menschen und des Glaubens der Erde zu entrücken und mehr und mehr ins Geistige „zu erhöhen".

Beim Radkreuz, wie es heute noch in Irland auf jedem Friedhof überall zu finden ist, wird Kreis und Kreuz zum Symbol verbunden. Auf diese Weise wird die Untrennbarkeit von Göttlichem ewigen Sein und menschlicher Endlichkeit, von Tod und Auferstehung noch einmal besonders deutlich.

Beim Astralkreuz sind zwischen die Kreuzenden zwölf Kreise gesetzt, die auf die Gemeinschaft der zwölf Apostel hinweisen, aber auch mit den zwölf Tierkreiszeichen in Verbindung gebracht werden, die um die Christussonne kreisen.

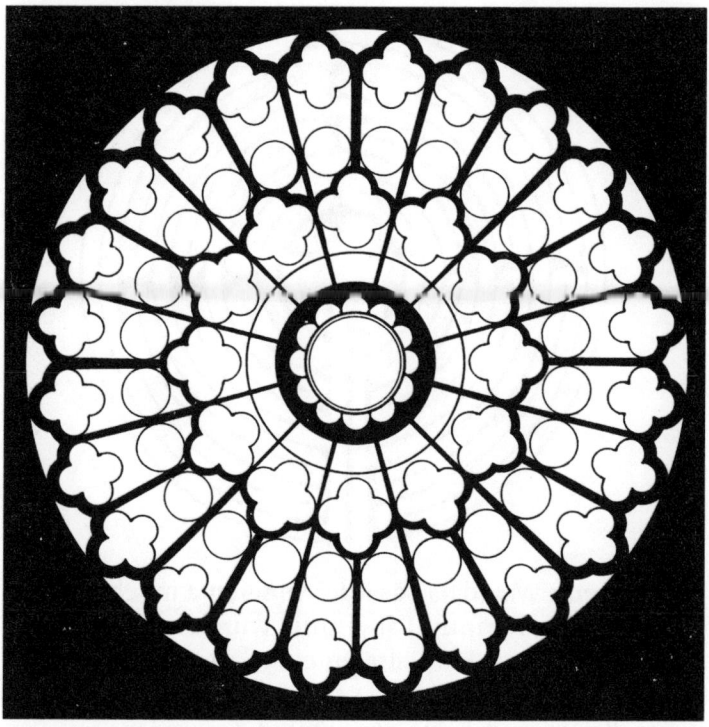

Die christliche Kunst kennt Mandalas auch in Rosettenform. Die Fensterrosen der Kathedralen gehören zu den großartigsten Verwirklichungen ungegenständlicher Mandalas, die innen und außen ganz unterschiedlich wirken. Erst im innersten heiligen Raum wird der erleuchtende, wunderschön farbige Glanz des göttlichen Wesens erkennbar. Außen, in der lauten Welt, ist weder das Wesentliche noch Stille erfahrbar, treten wir ein, sind wir berührt von strahlenden Farben und der Kraft der Stille. Dies habe ich besonders wohltuend in der Gedächtniskirche in Berlin erlebt, die mitten im lauten Stadtzentrum steht und innen wunderschöne Farben und himmlische Ruhe ausstrahlt.

Ein weiteres Mandala, das der inneren Einkehr dienen soll, ist das Labyrinth. Labyrinthe wurden manchmal in die Fußböden der Kathedralen eingelassen. Am bekanntesten ist das Labyrinth von Chartres, das auf einmalige Weise Kreuz und Kreis als Symbol verbindet. Auf verschlungenen Wegen kann der Gläubige ins innerste Herzzentrum gelangen.

Mandalas werden im Buddhismus und auch im Christentum als Meditationshilfe verwendet. Im Evangelium des Johannes beschreibt dieser in der Offenbarung das Bild einer zukünftigen „heiligen Stadt", des neuen Jerusalem (Offenbarung 21, Vers 9–27). Diese Stadt ist als Mandala angelegt, die auf den Menschen, der sie betritt, eine erhebende, sinnstiftende Wirkung ausübt und wahre Gemeinschaft in Frieden verwirklicht.

Ornamente spielen in der islamischen Kultur eine herausragende Rolle, denn das Gebot „Du sollst dir kein Bild machen von Gott" verbietet seine Darstellung. Darüber hinaus sind auch menschliche Darstellungen verboten, denn sie können bestenfalls eine schlechte Kopie ihres Schöpfers sein, und Menschen zu malen oder abzubilden, gilt als Anmaßung.

Das Mandala spielt daher in der islamischen Kunst der Ornamente eine herausragende Rolle. In der Mandala-Struktur kann der muslimische Künstler den geeigneten Freiraum finden, in dem er mit höchster Geschicklichkeit und Akribie seine Kreativität entfalten und spirituelle Akzente setzen kann. Die Decken der Moscheen sind mit herrlichen Mandalas bemalt, aber auch Wände und Fußböden sind mit immer wiederkehrenden Mandalamustern übersät. Im Grundschema finden sich oft Quadrate, vier-, fünf-, sechs-, acht-, zwölf-, sechzehn- und vierundzwanzig-eckige Sternmuster, Zweig- und Blütenmandalas sowie ein Flechtwerk aus Schleifen und Bändern. Bekannt sind auch die Teppichmandalas, auf denen der Muslim betet. Der Ausdruck vom „fliegenden Teppich" rührt in seiner ursprünglichen Bedeutung von einem reichen, verzaubernden Mandala-Muster her, das solch magische Wirkung auf den Menschen ausübt, das sich ein erhebendes Gefühl, ein Gefühl vom Fliegen, einstellt.

In der islamischen Welt gibt es keine Trennung von Kunst und Religion. Teppiche dienen der Besinnung, auch wenn es sich nicht um spezielle Gebetsteppiche handelt. Das Medaillonmuster, in dessen Mitte das strahlende Auge Gottes dargestellt ist, symbolisiert die Allgegenwart Gottes. Vermutlich geht dieses Motiv auf die Lotusblüte zurück, die im Buddhismus heiliges Symbol ist und versinnbildlicht, daß sich der Mensch, wie der Lotus, aus dem Sumpf des Daseins erheben kann, wenn er seine wundervolle Blüte zum Himmel richtet.

Auf den ersten Blick vermag die islamische Ornamentik wie Pracht und Zierde erscheinen, doch vertieft man sich in diese Kunst, spürt man etwas von der magischen Kraft, die von ihr ausgeht. Der Mensch kann hier einen atemberaubenden Einblick in die innere Zusammengehörigkeit der Schöpfung erhalten und über die Größe und Herrlichkeit Allahs staunen.

Eine besondere Kunstrichtung der spirituellen islamischen Malerei widmet sich der Ausschmückung des Koran. Dabei gilt der Koran nicht einfach als Wort Gottes, sondern als der zum Wort gewordene Gott, als das größte Wunder überhaupt. Vibrierende Kreisformen und sich überschneidende Vierecke wechseln einander so kunstvoll ab, daß die Vollkommenheit Gottes erahnt werden kann.

Das Umkreisen des Heiligen hat auch durch die Pilgerfahrt nach Mekka besondere Bedeutung erhalten. Jeder gläubige Muslim ist aufgefordert, einmal im Leben diese Pilgerfahrt anzutreten, um seine Hingabe an Gott zu bekräftigen und zu erneuern. Der Legende nach fand Ismael, Abrahams Sohn in Mekka, als die ganze Familie dem Verdursten nahe war, eine Quelle, die nach diesem Wunder von Abrahams Frau Hagar zum heiligen Ort erklärt wurde. Später wurde hier ein Tempel errichtet, der dann zur Kaaba erweitert wurde. Heute ist er ein geheimnisvoller majestätischer schwarzer Quader, der das größte Heiligtum des Islam darstellt. Bei ihrer Pilgerfahrt wird dieser Stein siebenmal umkreist. Hier wiederholt sich die Grundgestalt von Kreis und Quadrat. In bestimmten islamischen Glaubensrichtungen wird auch Fatima, die jüngste Tochter Mohammeds, verehrt. Fatima, der bis heute gebräuchliche Name, setzt sich zusammen aus Fate und Ma, was als Schicksalsmutter gelesen werden kann. Das Symbol der Hand Fatimas gilt als Schutzsymbol und wird als Amulett gegen den „bösen Blick" verwendet. Es zeigt auf der Hand-Innenfläche ein Mandala mit einem Sonnenkreis, der von zwölf Kreisen umgeben ist.

Der Tanz der Sufi-Derwische stellt eine weitere Besonderheit des Kreissymbols im Islam dar. Im traditionell weiten Gewand drehen sich die Derwische im meditativen Tanz um ihre eigene Achse und tanzen so manchmal ganze Nächte hindurch, um eine ekstatische Verschmelzung mit Gott zu erreichen. Der Mensch kann sich so als Zentrum des Universums wahrnehmen und sein Bewußtsein ganz mit der Leere und Stille der Mittelachse verbinden. Im Innersten unbewegt, kreist die ganze Welt um ihn wie der Sturm um das ruhende Auge des Zyklons. Der Tänzer kann sich so als Brücke zwischen Himmel und Erde erfahren. Seine Arme sind hoch in den Raum gestreckt, die eine vom Himmel empfangend, die andere zur Erde gebend.

Hier wird der Mensch ganz bewußt zum tanzenden Mandala, alle Hindernisse werden losgelassen, und die Aufmerksamkeit wird vollkommen auf die Kreisbewegung gerichtet. Es ist ein Tanz der Liebe, der von dem berühmten Sufi Maulana Dschelaladdin Rumi eingeführt wurde.

„Das ist Liebe: Himmelwärts zu fliegen,
jeden Augenblick hundert Schleier zu zerreißen;
unser Herz von den sichtbaren Dingen zu lösen,

nicht nur zu sehen, was uns sichtbar scheint.
Auf das Selbst zu verzichten und immerdar in Gott zu wandern
ist Anfang und Ende der mystischen Reise."

(Rumi, zit. n. Holitzka, S. 187)

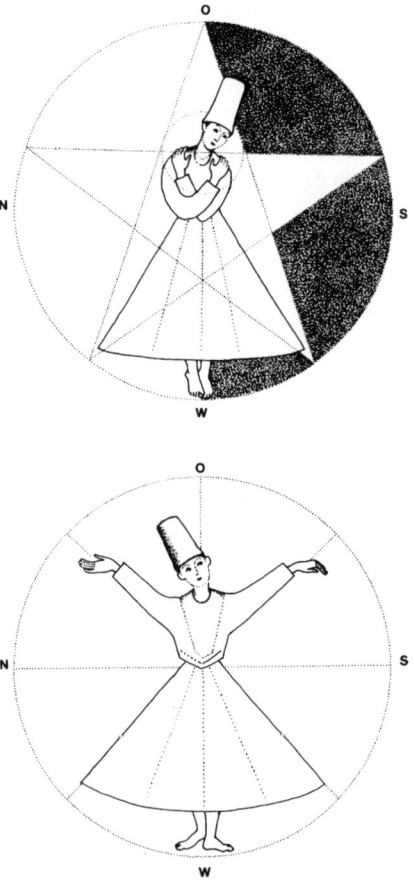

Abb.: Derwisch-Tänzer in geschlossener und geöffneter Haltung, eingespannt in die Zeit- und Raumachsen. Zeichnung B. Wosien

3. Sehnsucht nach Ganzheit:
Warum Mandalas heute so faszinieren

Wir leben in einer Zeit der Zerstückelung. Uhren und Zeitpläne zerschneiden unsere natürlichen Rhythmen, zerhacken unseren natürlichen Tagesablauf. Menschen schlafen bei Tag und arbeiten nachts, Kinder werden in der dunklen Winterzeit aus den Betten gerissen, weil die Uhr zum Aufstehen zwingt und die Schulglocke wenig Toleranz zeigt. Unser Wissen wird immer spezialisierter, und wir können selbst die Dinge, die uns alltäglich umgeben, nicht mehr reaparieren, geschweige denn herstellen.

Vieles wird einfach weggeschmissen, und unser Müll türmt sich himmelwärts, von dem unterirdisch gelagerten ganz zu schweigen.

Trotz Fitneßcenter, Sauna und Solarium sind wir nicht gesund. Unsere Bewegungen werden immer monotoner, und selbst Kinder toben kaum noch draußen herum. Bewegungsmangel führt nicht nur bei den in Massen gehaltenen Tieren, sondern auch bei unseren Kindern zu erheblichen Krankheiten. Oft haben wir die Beziehung zu Himmel und Erde gänzlich verloren, vertun unsere Zeit in virtuellen Welten.

Das, was wir unseren Kindern zu essen geben, ist oft in fernen Ländern gewachsen und von Maschinen bis zur völligen Unkenntlichkeit zermahlen und verändert worden, es wird künstlich frisch und chemisch haltbar gemacht. Wir kennen den Ursprung unserer Nahrung kaum noch, haben die Namen der Pflanzen vergessen, die uns satt machen, und wir können den Tieren nicht mehr ins Auge blicken, die für uns geschlachtet werden.

Unsere Sprache wird immer uneinheitlicher. Wissenschaftler verschiedener Disziplinen können sich kaum noch verständigen, und Alte sprechen ganz anders als Junge. „Du kannst mich einfach nicht verstehn", heißt es immer häufiger zwischen den Menschen.

In klimatisierten Autos und Gebäuden spielen die Jahreszeiten kaum noch eine Rolle, Weihnachten gibt es Erdbeeren und im Sommer Eis, wir schwimmen im Winter unter Palmen, und demnächst kann man auch im Sommer auf künstlichen Pisten Skifahren.

Die natürliche Ordnung gerät mehr und mehr aus den Fugen, und viele glauben nicht mehr an die Zukunft.

Obwohl satt und reich, sind viele Menschen unglücklich, immer mehr Kinder unzufrieden und ungesund und schrecklich unruhig.

Immitten eines Überangebots an Nahrung, Spielzeug und Konsum fehlt den Menschen etwas, spüren sie eine diffuse Unruhe und oft schreckliche Angst.

Alle Menschen haben eine tiefe Sehnsucht nach Geborgenheit und Ganzheit, nach Harmonie und Getragenwerden, Aufgehobensein und Hoffnung. Und zumindest Kinder sollten auch ein Recht darauf haben.

Ohne Worte gibt uns das Mandala Antwort auf unsere sprachlose Sehnsucht.

Im Mandala, wenn wir uns still in seine tiefe Symbolik versenken, können wir all das wiederfinden, was wir so häufig vermissen:

Da ist der Kreis, der alles zusammenhält. Der niemand fallen läßt und alles umschließt.

Im Kreis darf alles sein, im Kreis ist alles geborgen, getragen und aufgehoben.

Da ist der Mittelpunkt, von dem aus alles strahlt, um den alles harmonisch geordnet ist, in dem man sich selber finden kann und auch Gott oder den göttlichen, unzerstörbaren Kern in uns.

Wir fühlen uns wohl, wenn wir unsere Mitte gefunden haben.

Es geht uns gut, wenn wir eins sind mit der Welt, der großen wunderschönen Kugel im All.
In der tibetischen Tradition und bei den Navajos werden Mandalas aus Sand und Farbpulvern auch zu Heilzwecken genutzt. Mehrere Tage verbringen die Mönche bzw. Medizinmänner schweigend damit, diese Bilder nach genauen Vorschriften und jahrhundertealtem Wissen herzustellen.

Das tibetische Mandala-Ritual und die Sandmalereien der Navajos haben gemeinsam, daß sie den menschlichen Geist so ausrichten wollen, daß er nirgends hin entwischen kann und sich vollkommen auf die Ganzheit konzentriert. Im Mandala sitzend soll er erfahren, daß er nicht abgetrennt, einsam und hilflos, sondern Teil einer großen göttlichen Ordnung ist: Bei Heilungszeremonien wird der zu heilende Mensch symbolisch in den Mittelpunkt des Kosmos, der guten Ordnung, gesetzt. Symmetrisch um ihn herum liegen die Kardinalspunkte, die oftmals Himmelsrichtungen, Elemente und Jahreszeiten symbolisieren. So soll die gegenseitige Abhängigkeit aller Erscheinungen erfaßt, ihre Einheit erfahren und ihre Verbindung zum ewigen Mittelpunkt spürbar werden. Ganzheit spricht durch diese Bilder direkt zum „Patient", denn Heilung kann nur durch Ganzheit entstehen.

Indem wir uns meditativ auf die Mitte konzentrieren, sie erfahren und alles darauf ausrichten, können wir uns von Ängsten und Wahnvorstellungen befreien und auf die heilsame Realität der Ganzheit, des Aufgehobenseins und der Vollkommenheit konzentrieren.
Mandalas können uns helfen, uns an unsere inneren Kraftquellen anzuschließen, den im Alltag immer wieder auftretenden „Wackelkontakt" in einen gleichmäßig fließenden Strom der Liebe zu verwandeln.

Wer diese Erfahrung einmal gemacht hat, wird sein Leben neu ausrichten und anders gestalten.

Wir sind aber keine tibetischen Mönche und keine indianischen Medizinmänner.

Die Symbolik tibetischer Mandalas entschlüsselt sich uns nicht von selbst.

Aber die Sehnsucht nach Ganzheit ist überall auf der Welt gleich. Und jedes Kind auf dieser Erde fängt irgendwann an, einen Kreis zu malen, der bald ein Gesicht und bald die Sonne wird.

Eine „runde Sache" macht uns glücklich und gibt uns das Gefühl der Zufriedenheit, weil wir ein Stück Vollkommenheit erlebt haben.

Der Kauf eines Mandala-Malblocks wird uns nicht unbedingt heilen.

Wenn wir aber allmählich anfangen, nach unserer Mitte zu spüren, unserer Sehnsucht nach Ganzheit Ausdruck zu geben und offen zu sein für die alltäglichen kleinen Wunder, können Mandalas uns helfen, wieder Hoffnung zu finden.

Hoffnung, daß es hinter allem Schein, hinter all der faszinierenden, schrecklich schönen Glitzerwelt, hinter aller Zerstückelung und hektischen Ablenkung, hinter aller Dunkelheit und Gewalt etwas Unzerstörbares und Wesentliches gibt, das Liebe und Licht ausstrahlt. Eine lebendige Quelle schöpferischer Energie und Ordnung, der es höchstwahrscheinlich unwichtig ist, ob wir sie Gott oder Geist, große Erdenmutter, Vater im Himmel, Allah, Christus oder Nirwana nennen.

Ich möchte nicht behaupten, daß es einfach ist, diese Quelle zu entdecken.

Auf jeden Fall aber es ist tröstlich, sich mit Mandalas zu beschäftigen, unabhängig davon, ob sie aus unserer eigenen Mitte entstehen oder schon seit Jahrhunderten zu meditativen Zwecken dienten.

Ich glaube, daß die Sehnsucht nach Ganzheit, die immer mehr Menschen bewußt spüren, eine große Kraftquelle ist, die uns hilft, unserem Leben einen neuen Mittelpunkt zu geben, andere Schwerpunkte zu setzen und neue Wege zu gehen.

„Umkehr in die Zukunft" lautete einmal das Motto eines Kirchentages, und „ganzheitlich" ist heute ein gern benutztes Wort.

„Das Mandala", schreibt Vinzent Liebig, „ist nicht irgendein Bild, es ist eine zutiefst notwendige Erscheinung, fast wie ein Kunst gewordenes Gleichgewichtsorgan des menschlichen Bewußtseins." Es ist eine Art, die Welt zu sehen, den großen Zusammenhang zu erkennen, den wesentlichen Kern zu erfassen.

Wenn wir das Kleine im Großen und das Große im Kleinen erkennen, Teile zu einem Ganzen zusammenfügen und im Ganzen die Vielfalt achten, kann unser Leben einen neuen Sinn bekommen.

Mandalas geben uns Anregung und machen uns Mut, sie stillen unsere Sehnsucht nach Ausdruck und Geborgenheit, nach Sinn und Ordnung.

4. Symbolik im Mandala

4.1 Farben

Die meisten Menschen werden sich dem Mandala wahrscheinlich durch Ausmalen bestehender Vorlagen zuwenden. Wer sich für die Symbolik der dabei verwendeten Farben interessiert oder diese gezielt einsetzen will, sollte die folgenden Ausführungen lesen.

Rot

ist die älteste Farbe überhaupt. Es ist die Farbe des Blutes, auch des Menstruationsblutes, das in alten Kulturen oft als heilig galt. Entsteht es doch als einziges Blut nicht durch Verwundung oder Verletzung, sondern aus einem lebengebärenden Zyklus heraus und enthält lebenserhaltende Substanzen wie Vitamine, Proteine, Mineralsalze, Eisen, Kupfer und Magnesium sowie den roten Farbstoff Hämoglobin, der die Fähigkeit hat, Sauerstoff zu transportieren. Als Nahrung für das ungeborene Kind vorsorglich angelegt, wird es durch Signale der Hormone über die Hirnanhangdrüse einmal im Monat bei nicht eingetretener Schwangerschaft abgebaut. Ich betone das deshalb, weil viele Mädchen und Frauen ihr Blut als eklig oder schmutzig empfinden – obwohl es tatsächlich als Staunen auslösendes Wunderwerk betrachtet werden könnte (vgl. hierzu: Minker, Der Mondring).

Rot symbolisiert daher Leben, Kraft und Wärme. Es wird schon seit mindestens 30 000 Jahren als Teil von Begräbnis-, Opferungs- und Heilritualen benutzt. Die Farbe rot stimuliert und regt an, das ist auch durch Hirnstrommessungen bewiesen (vgl. Fincher S. 70).

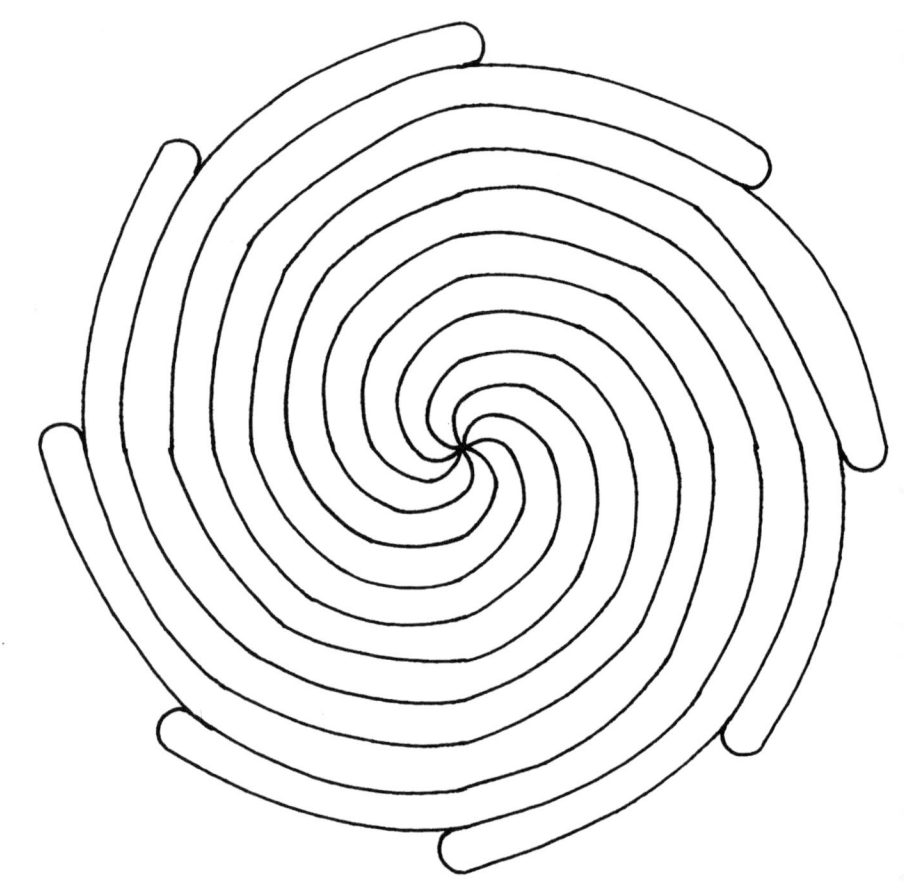

Rot wird häufig auch mit Feuer in Verbindung gebracht, das Wärme und Kraft, aber auch Zerstörung bzw. Verwandlung symbolisiert.
Für die Cherokee-Indianer hat Rot die Bedeutung eines heiligen inneren Feuers, das den Menschen auf den Weg der Weisheit bringen soll und ihm hilft, Entscheidungen zu treffen und anderen zu dienen.
Rot ist die Farbe der Liebe: Rote Herzen oder rote Rosen sind besondere Symbole dafür.
Rot steht auch für Wut und Zorn. Mit roten Tüchern reizt man Stiere, und Arbeiter hatten rote Fahnen, um für ihre Rechte einzutreten.
Rot ist auch die Farbe von Mars, der Regent unter dem Zeichen Widder geborener Menschen. Er bringt Kraft, Vitalität, Verwegenheit und Mut.
Rot ist die Lieblingsfarbe vieler Kinder, was auf ihre Lebendigkeit und Lebensfreude schließen läßt.

Blau

ist die Farbe des unbewölkten Himmels. Er strahlt Heiterkeit und Gelassenheit aus. Blau wirkt beruhigend auf die Gehirnströme (vgl.Fincher S.75), es drängt sich nicht auf, sondern zieht uns an. Vielleicht mögen deshalb fast alle Menschen Blau.
Wasser ist blau, wenn sich der Himmel darin spiegelt. Und Wasser mit seinen Tiefen und lebenspendenden Eigenschaften rührt an tiefe, angenehme Gefühle.
Blau sind auch die Berge aus der Ferne, und hier wohnen seit uralten Zeiten die Götter.
Vielleicht steht Blau auch deshalb für religiöse Gefühle. In tibetischen Mandalas symbolisiert Blau einen spirituellen Zustand tiefer, klarer Bewußtheit.
Im Christentum ist Blau die Farbe Marias, Ausdruck des weiblichen Mitgefühls, von Mütterlichkeit, der Hin-

gabe, Treue und unerschöpflicher Liebe. Während die rote Liebe von Eros und Leidenschaft geprägt ist, ist die blaue Liebe geduldig, bedingungslos und tief.

In der Astrologie ist Blau die Farbe Jupiters, des Regenten der Sternzeichen Schütze und Fische. Es heißt, daß Menschen, die unter Jupiters Einfluß stehen, von Ehrlichkeit und tiefem Moralgefühl erfüllt sind und Jupiter ihnen die Willenskraft gibt, um ehrgeizige Ziele zu erreichen.

Dunkles Blau läßt uns an den Nachthimmel erinnern, der uns Kenntnis von anderen Welten im All gibt, aber symbolisch die andere Seite der Wirklichkeit, die sich in unseren Träumen offenbart, ausdrückt.

Dunkles Blau kann aber auch für die „dunkle Nacht der Seele" stehen, für Depression, Verlust und Verwirrung. Letztere drückt sich dann im Zustand „blau" aus, wenn Alkohol als Mittel benutzt wird, um sich aus Langeweile, Depression oder Verlust zu „erlösen".

Gelb

ist die Farbe der Sonne und ein Symbol für ihr Licht, ihre Wärme und ihre lebensspendende Kraft. Die Cherokee – wie viele andere Völker auch – verehrten die Sonne als himmlischen Vater. Er – oder sie – ordnet das Leben auf diesem Planeten, läßt Pflanzen wachsen, bringt die Zeitregelung und die Jahreszeiten hervor.

Das heitere Gelb des Sonnenlichts stimmt uns fröhlich, macht munter und ausgeglichen.

Im Christentum ist Gelb die Farbe für Jesus, der sich als „das Licht der Welt" bezeichnete.

In der Astrologie ist Gelb die Farbe des Löwen. Es heißt, daß die unter diesem Sternzeichen Geborenen großmütig, klug und frei im Denken und Handeln sind.

Im Medizinrad ist Gelb die Farbe des Ostens, die Weisheit, Erleuchtung und Selbstverwirklichung symbolisiert.

Gelb wird mit Männlichkeit assoziiert, dem aktiven, befruchtenden Prinzip. Es steht aber auch für Hoffnung, Erwartung und Glück, für Stabilität und ein positives Selbstwertgefühl.

Als Gold symbolisiert die Farbe Reichtum in jeder Form. Es steht für unsere höchsten Werte und die königliche Würde.

Grün

ist die Farbe des Wachstums und der Pflanzen, die uns alle Nahrung geben. Der Blick auf Grün macht zufrieden und hoffnungsvoll, es gibt uns Energie und Kraft.

Für Hildegard von Bingen war Grün das Symbol für Gott in allen Dingen – was mir einleuchtet, denn es ist in jedem Jahr ein Wunder, wenn das Grün nach dem Winter mit solcher Kraft hervorquillt.

Grün ist auch die Farbe des Herzens, weil sie uns Kraft und Energie gibt und uns Geborgenheit in einem großen Ganzen vermitteln kann. Es ist die Farbe des Nährens, des Schützens und der Beständigkeit, denn Grün wird uns immer wieder geschenkt und war schon vor uns da.

Grün entsteht aus Blau und Gelb, bildet die Einheit aus Mutter Blau und Vater Gelb, die alles Leben auf diesem Planeten erhalten und ständig erneuern.

Giftgrün dagegen steht für Tod und Verderben, das in einem dunklen Märchenwald, aber vor allem zwischen Menschen versprüht werden kann. Unehrlichkeit, Machtstreben und Habgier können mit Giftgrün symbolisiert werden.

Orange

vermittelt ein Gefühl von Wärme und Freude. Es ist die Herbst- und Feuerfarbe, das mit Rot verschmolzene Gelb. Orange steht für Optimismus und Stolz, Herzlichkeit und Selbstbewußtsein. Es ist die Farbe der auf-, aber auch der untergehenden Sonne. In Indien ist es die Farbe der Bettelmönche, die sich der Enthaltsamkeit und der Versagung irdischer Freuden verschrieben haben.

Viele Menschen mögen Orange nicht, vielleicht, weil es mit Macht und männlichem Stolz, aber auch Disziplin assoziert wird.

Purpur/Violett

Purpur war früher ein seltener und teurer Farbstoff, daher den Reichen und Königen vorbehalten. Es ist eine Mischung aus Blau und Rot, die Farbe der Veilchen, der Krokusse und der Iris. Es vereinigt die Energie des Rot mit der Gelassenheit des Blau.

In der katholischen Kirche ist Purpur die liturgische Farbe der Fastenzeit. Sie symbolisiert hier Enthaltsamkeit und Sublimierung persönlicher Triebe zugunsten der Spiritualität.

Purpur ist die Farbe der Königswürde und Autorität. Daher wird sie auch von hohen kirchlichen Würdenträgern getragen.

Viele halten Violett auch für die Farbe der Inspiration und Phantasie.

Klaus Holitzka meint, daß Violett auch für Über-Ich, Mystik, Magie, Gefühlsbetontheit und Reinigung steht.

Im negativen Sinn kann Violett auch Melancholie, Weltfremdheit und Leid bedeuten.

Helles Violett, das entsteht, wenn man Purpur mit Weiß mischt, ist die Farbe des Lavendel. Dieser aromatischen Duftpflanze wird Klarheit und Reinheit nachgesagt, denn ihr ätherisches Öl heilt und reinigt auf erstaunlich kräftige Weise, besonders Verbrennungen und Insektenstiche.

In der Astrologie ist es die Farbe Merkurs, der ein gutes Gedächtnis und wissenschaftliche und künstlerische Begabung verleiht.

Weil Lavendel – im Gegensatz zu Purpur – wenig Rot enthält, kann es auf eine Loslösung vom physischen Körper und Atemwegsprobleme hindeuten. Kunsttherapeuten weisen auf die Gefahr der „Flucht aus dem Körper" hin, wenn Bilder viel Lavendel-Violett enthalten (vgl. Fincher S. 93).

Andererseits ist helles Violett die Farbe der Mystik und des Amethyst, der uns auf den Weg durch das Kreuz zum ewigen Leben hinweist.

Rosa

entsteht, wenn Rot mit Weiß gemischt wird. Wenn Rot Energie und Lebensfreude bedeutet und Weiß Geist symbolisiert, dann deutet Rosa auf romantische Zuneigung, Zartfühligkeit, Weiblichkeit und romantische Liebe hin. Viele Rosen sind rosa, und ihr ätherisches Öl war früher ein begehrtes Heilmittel bei Frauenkrankheiten, in der Geburts- und Sterbehilfe. Ihr Duft harmonisiert, heilt Entzündungen und verbindet Körper und Geist. Bis heute sind Rosen das Sinnbild für Liebe, und so steht Rosa auch für den Übergang, für liebevolles Empfangensein und Abschiednehmen, für Schutzbedürftiges, Zartes.

Es ist die Farbe des Rosenquarz, der liebevolles Vertrauen und Lebensfreude symbolisiert.

Türkis

Der Name der Farbe, die Grün und Blau vereint, leitet sich von dem gleichnamigen Edelstein ab, der seit Jahrhunderten für Heilzwecke verwendet wird und von den Navajos für Sandbilder, schützenden Schmuck und zum Opfer verwendet wird.
 Es ist der Stein der ägyptischen Göttin Isis, von dem die Perser glaubten, daß er den bösen Blick abwehrt, und der in Europa als Schutz vor Sturz vom Pferd im Amulett getragen wurde.
 Türkis scheint eine heilende und schützende Farbe zu sein, vereinigt sie doch den blauen Himmel mit der grünen, lebenserhaltenden Pflanzenkraft.
 Susanne Fincher weist darauf hin, daß sie Türkis häufig in Mandalas von Menschen gefunden hat, die einer Heilung bedürfen (dies. S. 101). Das weist vielleicht auf seine Selbstheilungs- und Schutzkräfte hin.

Braun

ist die Farbe fruchtbarer Erde und einer Reihe pelziger, weicher Tiere wie Bär und Reh. Lüscher hat die Farbe Braun bei Menschen gefunden, die ein Bedürfnis nach emotionaler Sicherheit und Geborgenheit haben. Der Bär als Symbol des starken, liebevollen, mütterlichen Tieres läßt diese Sehnsucht nach Braun ahnen.
 Braun läßt sich auf sehr unterschiedliche Weise mischen. Es kann aus Gelbrot und Schwarz oder Rot und Grün gemischt sein. Braun kann Schutz und Geborgenheit, Vertrauen und Mütterlichkeit symbolisieren, aber auch leere Felder, Exkremente und Abschied, mangelndes Selbstwertgefühl und Armut. „In mir ist nichts als Scheiße", sagte ein jugendlicher Randalierer über sich selbst. Fäkalien sind jedoch auch Düngemittel, helfen,

Reichtum hervorzubringen, genau wie Felder abgeerntet werden müssen, wenn sie neu bestellt werden sollen.

Schwarz

ist die Farbe des Schattens, des Dunklen und Bösen. Es gehört untrennbar mit seinem Gegenpol Weiß zusammen, so wie Tag und Nacht zusammengehören. In vielen Schöpfungsgeschichten war die Erde zunächst ein Ort der Dunkelheit.
Schwarz symbolisiert den im dunkeln liegenden Prozeß des allerersten Anfangs, eine starke Energie. Es ist die Farbe der Wandlungsgöttin, der dunklen Urkräfte, denn jeder Tod bringt Leben hervor, jeder Abschied ist ein Neubeginn.
Fruchtbarkeitsrituale wurden oft im Erdinneren, in Höhlen ausgeführt, die auf eine Verbindung zum dunklen Mutterschoß assoziieren lassen. Schwarz symbolisiert den Abstieg des Geistes in die Materie, die Fleischwerdung Gottes, oder das Nadelöhr des Todes vor der Wiederauferstehung.
Schwarz ist auch das Unsichtbare, das Unbewußte und Verborgene, das tiefe Geheimnis, das Nichts.
Im Medizinrad ist Schwarz die Farbe des Westens. Er symbolisiert das mittlere Alter des Menschen, das Weisheit und Hingabe, damit verbunden auch Buße und Aufgabe der Ichbezogenheit symbolisiert.
In der europäischen Kultur wird Schwarz mit Depression, Verlust und Trauer verbunden.
Kinder malen schwarz, wenn sie traumatische Erlebnisse oder große Ängste gehabt haben.
Schwarzsehen ist unser Begriff für Pessimismus und nihilistische Auffassungen.
Das Yin-Yang-Zeichen kann uns verdeutlichen, daß es Schwarz ohne Weiß nicht gibt, daß Trauer und Verlust immer wieder aufgehoben werden.

Weiß

ist die Farbe von Mondlicht und Schnee, von Milch, von Perlen und verbleichten Knochen.
Weiß bedeutet Reinheit und Unschuld, Licht und Spiritualität. Es ist das Licht, das Gott in diese Welt brachte und das auch für unseren Geist und unser Bewußtsein steht.
Weiß ist das Zeitlose, das Nichts, das Nirwana, das von allen Ängsten und Sorgen befreit und ewige Glückseligkeit verspricht.
Weiß ist das Symbol für Jungfräulichkeit, aber auch für den männlichen Samen, die Essenz der Kreativität und Erneuerung. Weiße Milch nährt uns und symbolisiert einen nie endenden Strom der Fruchtbarkeit.
Im Medizinrad steht Weiß für den Norden. Die Lektionen, die dort gelernt werden müssen, hängen mit der Beruhigung des Gemütes zusammen, mit der Entwicklung der Fähigkeit, die Dinge klar zu sehen und Konflikte, die durch Emotionen ausgelöst werden, nicht so ernst zu nehmen und uns nicht dafür schuldig zu fühlen.
Weiß ist der Tod genauso wie das Leben. Der weiße Schnee läßt alles erstarren, aber schützt die Pflanzen vor dem Erfrieren. Weiße Milch nährt, helles Licht symbolisiert ewiges Sein, Knochen aber sind auch weiß.

Silber wird oft mit der Farbe Weiß dargestellt. Es steht für den Mond und seinen weiblichen Bezug, sein mildes, sanftes Licht.

4.2 Formen im Mandala

Geometrische Formen und Symbole beeinflussen uns genauso wie Farben. Daß die moderne Architektur und Industrie das manchmal unberücksichtigt ließ, rächt sich durch Gewalt und Zerstörung in den Städten. Indem wir uns auf die Ausstrahlung und Wirkung von Formen besinnen, können wir helfen, heilende Formen zu finden.

Kreis

Der Kreis ist das Vollkommene, Runde und Ewige, denn er hat keinen Anfang und kein Ende. Der Kreis schließt alles ein, und was sich in ihm befindet, ist geschützt. Sonne und Mond werden durch den Kreis symbolisch dargestellt. Die Zeit, ein Jahr oder ein Leben, kann als Kreis dargestellt werden, wenn man davon ausgeht, daß das Ende einen neuen Anfang in sich birgt.

Der Kreis drückt Bewegung und Fluß aus, er symbolisiert die himmlischen Kräfte, Gott und die Einheit der Gegensätze.

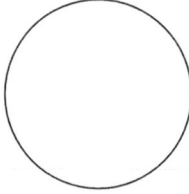

Quadrat

Das Quadrat ist eine menschliche Erfindung, es hat Ecken und teilt ein. Es grenzt ab und vermittelt den Eindruck von Festigkeit und Materie. Mit den vier gleichen Seiten verkörpert es von Menschen bemessene Ausgewogenheit.

In der chinesischen Kultur ist das schwarze Quadrat das Symbol für die Erde mit ihrer weiblichen Yin-Kraft.

In tibetischen Mandalas symbolisiert es einen heiligen Bereich oder Palast, die Verwandlung von Geist in Materie.

Die Quadratur des Kreises ist ein alchimistisches Symbol, das die Vereinigung des Himmels (Kreis) mit der Erde (Quadrat) symbolisiert.

C. G. Jung, der häufig Quadrate in Mandalas seiner Patienten sah, glaubte, daß sich in ihnen die Dynamik des Selbst ausdrückte, eine archetypische Naturkraft, die auf die menschliche Seele eine harmonisierende Bedeutung hat.

Die Kunsttherapeutin Kellog deutet ein Quadrat im Mandala als Verbindung mit mütterlichen und väterlichen Kräften (vgl. Fincher S. 186).

Das Quadrat deutet auf Verankerung in der Realität, auf klares Denken und Leistungsfähigkeit hin.

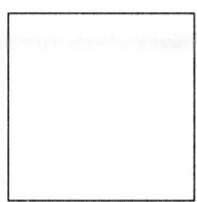

Kreuz

Das Kreuz ist die Verbindung einer vertikalen und einer horizontalen Linie.

Es hat einen Mittelpunkt und vier Enden, die für vier Richtungen stehen.

Es vermittelt so zwischen oben und unten, rechts und links, zwischen den vier Himmelsrichtungen oder Elementen. Es vereinigt Gegensätze.

Das Kreuz ist aber auch ein Symbol für Leid und für die Schwierigkeiten des Lebens. Man muß „sein Kreuz auf sich" nehmen – wird dadurch aber auch Verwandlung erfahren. (Weiteres vgl. S. 41f.).

Dreieck

Das Dreieck zeigt Dynamik an. Die Spitze kann nach oben oder nach unten zeigen. Das nach unten zeigende Dreieck ist Yoni, das Symbol des weiblichen Geschlechtsteils in der indischen Kultur. Es symbolisiert das weibliche Prinzip als Quelle aller Dinge. Das nach oben gerichtete bedeutet Feuer, Libido und männliche Kraft. Im Abendland wird dies im Hexagramm ausgedrückt, das ebenfalls aus zwei Dreiecken besteht. Dreiecke stellen in Mandalas Richtungsanzeiger dar. Sie deuten nicht nur nach oben oder nach unten, sondern können auch auf ein Zentrum oder vom Zentrum weg deuten. Nach außen gerichtet, können sie auf aggressive Energie hinweisen. Nach innen gerichtet können sie für das Bedürfnis nach Selbstschutz stehen. Das Dreieck kann nach Jung auch ein Hinweis darauf sein, daß Inhalte von unten nach oben gedrängt werden oder aus dem Bewußtsein „nach unten" verdrängt werden.

Ein nach oben zeigendes Mandala kündigt häufig etwas Neues, die Wiedergeburt von ungeahnten Fähigkeiten oder einen Ausbrauch von Kreativität an.

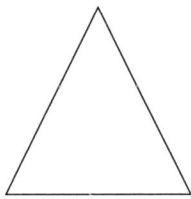

Stern

Sterne am Nachthimmel faszinieren und lassen uns ahnen, daß es mehr gibt, als wir denken. Sie dienten den Menschen von jeher zur Orientierung und führten sie nach Hause oder zum Ziel. So ist uns der Stern ein Helfer. Sternschnuppen, so glauben viele, können Wünsche erfüllen. In der christlichen Tradition wird Jesus als „der helle Morgenstern" bezeichnet, was auch den Beginn eines neuen Zeitalters symbolisiert.

Als göttliches oder heiliges Symbol ist der Stern in verschiedenen Formen weit verbreitet. Er ist das Symbol kosmischer Ordnung und Sinnbild des „Lichtes von oben". Sterne stehen auch für unseren inneren Reichtum und ein gutes Selbstwertgefühl.

Durch das durch Atomkraftwerke künstlich erzeugte Licht in unseren Städten wird es immer schwieriger, die Sterne deutlich zu sehen. Man muß sich fragen, welchen Preis wir dafür zahlen, so viel Strom zu verbrauchen und uns dadurch von dem heilsamen Anblick eines Sternenhimmels abzuschneiden.

Fünfzackiger Stern

Der fünfzackige Stern oder Pentagramm ähnelt einem mit beiden Beinen auf dem Boden stehenden Menschen. Er kommt aber auch bei Pflanzen vor – z.B. im Kerngehäuse eines quergeschnittenen Apfels. Viele Blüten sind Fünfsterne. In der ägyptischen Hyroglyphen-Schrift bedeutet der fünfzackige Stern „Aufsteigen zum Ort der Herkunft". Als „Drudenfuß" spielt er in der magischen Tradition des Mittelalters und bis heute eine große Rolle. Man glaubt, mit ihm Hexen und teuflische Mächte bannen zu können. Dabei muß man sich vorstellen, daß die obere Spitze stets über dem Kopf ist, die horizontalen Spitzen decken die Arme, und die anderen beiden decken die Beine ab. Das Pentagramm gilt als segensreich, wenn die Spitze nach oben und als zerstörerisch, wenn sie nach unten zeigt.

Auch Freimaurer haben den fünfzackigen Stern als Symbol. Er ist dann mit einem Flammenkranz umgeben und trägt in der Mitte ein G für Gott, Gnosis oder Geometrie, als Symbol für das Licht des Geistes, das alle Welt erhellt.

Sechszackiger Stern

Ein sechszackiger Stern oder Hexagramm besteht aus zwei Dreiecken. Er ist ein Zeichen der Liebe und Vollkommenheit, aber auch der Kreativität und Ausgewogenheit. Am sechsten Tag, so steht es in der Bibel, wird der erste Mensch erschaffen. Als Davidsstern symbolisiert er die Weisheit dieses Königs und den Bund Gottes mit seinem Volk (vgl. S. 39). Er ist jedoch auch ein Symbol der Verschmelzung von männlichen und weiblichen Aspekten.

In Indien ist das Hexagramm das Zeichen für das Herzchakra, Symbol des Ortes für die Verschmelzung von Geist und Materie.

Als Symbol der Weisheit spiegelt er die Einheit von Gegensätzen wieder.

Siebenstern

Für den Druiden-Orden hat der Siebenstern eine besondere Bedeutung.
Die sieben Zacken symbolisieren hier die Tugenden Mäßigkeit, Standhaftigkeit, Arbeitsamkeit, Redlichkeit, Verschwiegenheit, Vorsichtigkeit und Barmherzigkeit.
Die sieben Zacken können aber auch für die sieben Tage der Woche stehen.

Achtstern

Der Stern von Bethlehem wird meist achtzackig dargestellt. Er führte die drei Könige zur Krippe.

Zwölfstern

Der zwölfzackige Stern kann die zwölf Tierkreiszeichen symbolisieren. Sie sind in vier gleichschenklige, übereinanderliegende Dreiecke eingeteilt und miteinander verbunden.

Rosette

In der Rosette verbindet sich das Symbol des Kreises mit dem der Rosenblüte.

Wie kein anderes Symbol versinnbildlicht dieses den Schöpfungsprozeß als ein ständiges Entfalten der Wirklichkeit, eine unendliche Entblätterung.

In vielen Mandalas finden wir die Grundform der Blüte wieder. Sie ist das Sinnbild des Frühlings, des Erwachens und der ständigen Erneuerung, aber auch der Vergänglichkeit jeder irdischen Schönheit. Cirlot hat die Blüte als archetypisches Abbild der Seele bezeichnet (vgl. Holitzka S. 80).

Die Rose ist ein Symbol der Liebe und der Schönheit. Ihre Dornen symbolisieren Abwehr und Schmerz, die zum Leben dazugehören.

In indischen oder buddhistischen Mandalas ist die Rosette meist auf den Lotus bezogen, der aus dem Schlamm emporwächst und sich dennoch in großer Schönheit und Reinheit entfaltet. Mitten in der Welt des Hasses, der Begierden und der Unwissenheit kann die Blüte der Weisheit und Erleuchtung erblühen.

Auch Buddha wird häufig im Zentrum des Lotus dargestellt.

Spirale

Die Spirale kommt in der Natur sowie in allen Kulturen der Menschheit häufig vor. Sie zeigt eine Bewegung auf eine Mitte hin oder von ihr weg und damit einen Weg, der das einzelne Zentrum mit dem All des Universums verbindet und Einrollung oder Entfaltung gleichermaßen symbolisiert.

Viele Pflanzen entfalten sich spiralförmig, und die Struktur der biologischen Erbsubstanz DNS in unseren Zellen weist die schraubenförmige Form der Spirale auf.

In Australien wie auch in England, Irland und Frankreich sind viele spiralförmige Steinzeichnungen überliefert.

Aus der Tradition des Yoga kommt das Symbol der eingerollten Kundalinischlange. Sie schläft am unteren Ende der Wirbelsäule und symbolisiert die Lebenskraft des Menschen, die durch Übung entfaltet werden kann.

Meander

sind verbundene Spiralen, die für Besinnung und Lebensweg stehen. Jeder Tag kann durch so ein Muster versinnbildlicht werden, wenn wir uns morgens entfalten und abends wieder zusammenrollen. Schon fünf- bis sechstausend Jahre alt sind Funde griechischer Vasen und Schalen mit Meanderstruktur, die das Leben symbolisieren.

Labyrinth

An unterschiedlichen Orten der Welt wurden Labyrinthe gefunden, sie sind uralte Menschheitssymbole, die den Menschen auf der Suche nach sich selbst, seinem Weg und seinen Aufgaben, seinem Ursprung, seinen Licht- und Schattenseiten darstellen.

Der griechsichen Sage nach übergibt Ariadne, die Geliebte, ihrem Theseus ein Wollknäuel, den Ariandnefaden, das ihm den Weg ins Zentrum des Labyrinths weist und auch sicher wieder herausführt.

Labyrinthe wurden häufig an besonderen Kraftorten errichtet, an Zentren von Erdenergien, wo Menschen der Zugang zu anderen Bewußtseinsebenen leichter zugänglich ist.

Das Labyrinth ist auch ein Zeichen, das zu Geduld und Ausdauer auffordert.

In seinem Zentrum findet man das Nichts, ein Zentrum kreativer Leere, dem alle Lebenswege entspringen.

Wem es gelingt, im Beschreiten der verschlungenen Gänge selbst den Sinn des Lebens zu erkennen, weiß, daß er an jedem Punkt des Labyrinths bereits am Ziel ist. Es gibt keine ausweglosen Sackgassen, sondern nur die Freiheit, den Weg zu gehen. Der Weg ist das Ziel.

OM

Om als Sanskrit-Zeichen ist in Indien der Ursprung allen Seins. Es ist das Grundsymbol für alles Werden und Vergehen und gilt als heilige Silbe oder göttliche Urschwingung. Die vielen Götter Indiens sind nur Manifestationen und Differenzierungen von Om oder AUM, wobei hier A für Brahma, den Schöpfer, U für Vishnu den Erhalter und M für Shivam, den Zerstörer, steht.

Das allseitsbekannte AMEN hat wahrscheinlich eine gleiche Wurzel, es ist das fleischgewordene Wort. Alles, was existiert, hat seinen Ursprung in Om, es ist die Einheit von Alpha und Omega, von Anfang und Ende.

Interessant ist, daß die von Naturwissenschaftlern entdeckten „Apfelmännchen" (Apple-Structure), die entstehen, wenn Phasenübergänge bestimmter Materialien und auch Wachstumsprozesse auf dem Computer simuliert werden, stets dieselbe Struktur, eben die „Apfelmännchen" aufweisen. Diese Struktur hat erstaunliche Ähnlichkeit mit dem Sanskritzeichen für OM und der tibetisch-buddhistischen Ikonographie Buddhas.

Die Apfelmännchen-Struktur wurde nach ihrem Entdecker Benoit B. Mandelbrot, einem experimentellen Mathematiker, auch „Mandelbrotmenge" genannt. Läßt man die Mandelbrotmenge mathematisch wachsen, ergeben sich Mandalas, Blütenformen und Spiralnebel.

4.3 Zahlen im Mandala

Durch unterschiedliche Formen entstehen in jedem Mandala bestimmte Mengen, dargestellte Zahlen. Auch diese können symbolische Bedeutung haben.

Eins

Die Zahl Eins steht für Ganzheit, Einheit, das Individuum und den Anfang. In der Eins ist wie in einem Samen die ganze Entwicklung enthalten. Sie ist das All-Eine, das man nur in der stillen Einsamkeit, im All-eins-Sein, Alleinsein, finden kann.

„Kein Zählwort, sondern eine philosophische Idee", wie Jung sagt (vgl.Fincher S. 131).

Der Kreis steht für die Eins, für Gott und für jeden von uns in seiner EINZIGARTIGKEIT.

Zwei

Die Zwei schafft ein Gegenüber, Dualität, Mutter und Kind, Mann und Frau, Hell und Dunkel. Die Zwei verdoppelt, und viele unserer Organe und Glieder bilden Paare. Wir begreifen die Welt mit zwei Händen und betrachten sie mit zwei Augen. Wir hören mit zwei Ohren und stehen auf zwei Beinen.
Während es in der Eins oder Einheit keine Trennung und keine Konflikte gibt, sind sie in der Zwei geradezu angelegt. Sie fordert zu Spannung, Zweifel und Kritik heraus, provoziert Gegensätze.
Der Weise erkennt jedoch, daß eins nicht ohne das andere sein, gut nicht ohne böse gedacht weden kann. Die Einheit der Gegensätze und ihre Harmonie wird ebenfalls in der Zwei ausgedrückt.

Drei

Die Drei symbolisiert Bewegung, Energie und Dynamik. Nach der chinesischen Tradition besitzt die Drei männliche Yang-Qualität, sie bringt etwas in Bewegung, setzt etwas in Gang – was jeder aus der Dynamik menschlicher Dreierkonstellationen kennt.
Die Drei kommt auch im Märchen häufig vor, wo drei Brüder oder Schwestern oft drei entscheidende Aufgaben lösen müssen. Die Vitalität der Drei entsteht aus der Auflösung der Gegensatzspannung der Zwei, durch etwas Neues, das hinzukommt, z. B. wenn Mann und Frau ein Kind bekommen.
Seit Urzeiten hat die Drei auch eine heilige Bedeutung. Die große Göttin zeigt sich in der Jungfrauen- oder Ganzheitsgestalt verbunden mit der Farbe Weiß, als Muttergöttin, verbunden mit der Farbe Rot und als Wandlungsgöttin des Todes und der Auferstehung verbunden mit der Farbe Schwarz.

Im Hinduismus kennen wir Brahman, Shiva und Shakti als Dreiheit. Im Christentum gibt es die Lehre von der göttlichen Drei-Einigkeit: Vater, Sohn und Heiliger Geist.

Im Mandala kann die Drei auf Vitalität, Erregung oder Streben nach Unabhängigkeit hindeuten oder etwas Heiliges symbolisieren.

Vier

Die Vier symbolisiert Ausgewogenheit und Vollendung. Ein Jahr hat vier Jahreszeiten, es gibt vier Himmelsrichtungen und vier Elemente. Viele Blumen haben vier Blütenblättern und viele Tiere vier Beine. Es gibt vier Evangelisten und vier Cherubim, die in der Vision des Hesekiel die Himmelsfeste stützen.

Sowohl in der chinesischen wie auch europäischen Tradition wird die Vier als weibliche Zahl angesehen. Wir finden sie in den Formen Kreuz, Quadrat und Rechteck.

Susanne Fincher meint, daß die Vier sich in unseren Mandalas befindet, wenn unsere Identität mit unserem Selbst verbunden ist. Das kann sein, wenn wir uns stark fühlen oder am Übergang aus einer Krise stehen, in der die Vier uns ermutigt, etwas Neues zu erkennen. Die Vier hilft uns zu ordnen und diametrale Gegensätze zu einem ganzheitlichen Muster zu vereinen.

Fünf

In der Natur finden wir die Zahl Fünf in vielen Sternblumen, auch der Seestern hat fünf Arme und das Kerngehäuse des Apfels fünf Unterteilungen. Wir haben fünf Finger an jeder Hand und fünf Zehen, und unser Körper bildet mit Kopf, Armen und Füßen in ausgestreckter Position einen Fünfstern.

In China ist die Fünf ein Symbol der Ganzheit, dort kennt man auch fünf Elemente: Holz, Metall, Wasser, Luft und Feuer.

Mit ihrer engen Beziehung zur Natur charakterisiert die Fünf Leben und Vitalität.

Im Mandala kann die Fünf auf Aktivität und Zielstrebigkeit hinweisen, auf aktives Geben und Nehmen.

Sechs

Die Zahl Sechs steht für Kreativität und Ausgewogenheit, für Vereinigung und Schöpfung – sowohl im Sexuellen wie im Geistigen. Wenn Kinder die Zahl Sechs aus Provokation gern wie Sex aussprechen, haben sie damit gar nicht so unrecht.

Die Sechs gilt als weibliche Zahl, die Phytagoräer nannten die Sechs „die Mutter". Auch die Sexualität der Göttin Aphrodite wurde durch die Zahl Sechs symbolisiert.

Weil die Schöpfung nach dem sechsten Tag beendet war, kann die Sechs auch für Vollendung einer schöpferischen Phase stehen, der eine Phase der Ruhe und Zufriedenheit folgt. So kann die Sechs im Mandala das Erreichen von Zielen, ein Nachlassen der schöpferischen Kreativität oder eine Vertiefung der Spiritualität andeuten.

Sieben

Die Sieben ist seit uralten Zeiten mit Zauber umgeben. Es ist eine heilige Zahl. Sieben Planeten umkreisen die Erde, und sieben Farben hat der Regenbogen, das Symbol des ewigen Bundes zwischen Gott und den Menschen.

Die sieben Töne der Tonleiter sind von himmlischen Harmonien abgeleitet.

In der christlich-jüdischen Tradition spielt die Sieben eine große Rolle. Gott segnete den siebten Tag, nachdem er seine Schöpfung beendet hatte. Sieben Plagen schickte Gott den Ägyptern, und nach sieben fetten Jahren kamen sieben magere. Es gibt sieben Todsünden, sieben Gaben des Heiligen Geistes, sieben Freuden und sieben Sorgen der Heiligen Jungfrau.
Bis heute gilt die Sieben als Glückszahl.
In der Alchemie sollten Substanzen in sieben Phasen verwandelt werden.
Im Mandala kann die Zahl Sieben Einklang mit alten heiligen Traditionen bedeuten.

Acht

Die Acht steht für Stabilität und Harmonie, aber auch Unendlichkeit und Wiedergeburt. Die liegende Acht ist das Unendlichkeitszeichen, das darauf hinweist, daß wir immer wieder durch jenen engen Schnittpunkt gehen müssen, der den Übergang zum anderen Kreis kennzeichnet und den Tod symbolisiert. Das Rad mit acht Speichen ist ein häufiges Symbol im Buddhismus (vgl. S. 34), das an den Weg zur Erleuchtung erinnern soll.

Die Acht im Mandala kann auf eine hervorragende Ausgewogenheit von paarweisen Gegensätzen hindeuten und eine Harmonie zwischen Ideen oder Personen andeuten.

Neun

Die Neun hat einen geheimnisvollen Aspekt, ist sie doch die dreifache Drei. Neun Engelchöre werden in der Bibel erwähnt. Auf medizinischer Ebene gilt das dreimalige Vermischen, Verreiben oder Verschütteln auf drei Ebenen als beste Methode.

Die Neun drückt die dreifache Synthese auf körperlicher, geistiger und seelischer Ebene aus.

Neun Monate braucht der Mensch von der Zeugung zur Geburt.

In unserem mathematischen System ist die Neun die letzte Zahl der Zahlenreihe, bevor durch Voransetzung der Eins mit der Zehn eine neue Reihe beginnt.

Für die Hebräer symbolisiert die Neun Wahrheit. Vielleicht soll uns die Neun im Mandala an unser wahres Wesen, unsere potenzierte Dreiheit aus Körper, Geist und Seele erinnern.

Die Neun kann im Mandala ein Hinweis darauf sein, daß es möglich ist, Ganzheit zu erlangen. Sie kann auf das Vorhandensein positiver, spiritueller Energien deuten, die für die Weiterentwicklung genutzt werden können.

Zehn

Die Zehn symbolisiert Vollkommenheit und Gesetzestreue. Zehn Gebote hat Gott Moses gegeben, und Gott vereinigt nach jüdischem Glauben zehn göttliche Eigenschaften in sich.

Wir haben zehn Finger und zehn Zehen, und Zehn ist die Basis unseres Zahlensystems.

So kann die Zehn auch als Symbol des Begreifens verstanden werden, denn mit unseren zehn Fingern können wir immer wieder nachprüfen, feststellen und ermitteln.

Elf

Elf ist eine Zahl, bei der die Zehn überschritten werden muß – sie hat daher etwas von Übergang und Überschreiten einer Schwelle. Man kann sie als Symbol des Zusammenbruchs statischer Vollkommenheit betrachten, aber

auch als Symbol der Wiedergeburt durch den Übergang in eine andere Welt.
In der europäischen Tradition ist die Elf ein Symbol der Disharmonie, damit aber auch der Wandlung. Eine Elf im Mandala kann auf einen Konflikt hindeuten, der zu größerer Selbsterkenntnis führt und auf eine neue Lebensphase hinweisen kann.

Zwölf

Die Zwölf symbolisiert Gemeinschaft und kosmische Ordnung. Jesus hatte zwölf Jünger, und zwölf Tierkreiszeichen und zwölf Monate bestimmen unsere Zeit. Jeder Tag hat zwölf Stunden, wie auch die Nacht. Auf dem Olymp, dem griechischen Wohnort der Göttinnen und Götter, leben derer zwölf.

Im Judentum spielen die zwölf Söhne Jakobs eine große Rolle, denn aus ihnen gingen die zwölf Stämme Israels hervor. Zwölf Edelsteine schmückten die Brustplatte, die der Hohepriester bei Zeremonien trug, und das Leben Moses bestand aus zwölf berühmten Episoden.

Auch in der Apokalypse des Johannes werden zwölf Edelsteine erwähnt, die Bestandteil des neuen Jerusalems, der zukünftigen Welt des Friedens sind.

Teil der buddhistischen Symbolik sind die zwölf Lotusblätter. Jedes Blütenblatt entspricht einem Monat und trägt den Namen eines Tieres, dessen Eigenschaften den Qualitäten der Jahreszeit entsprechen. Entsprechend gibt es auch einen Zwölfjahreszyklus, wobei jedes Jahr die Eigenschaften eines Symboltieres hat.

Die Zwölf kommt in vielen Märchen als Zahl der Mitglieder bedeutungsvoller Gruppen vor. Elf gute Feen haben Dornröschen ihre guten Wünsche überbracht, als die Dreizehnte hereinplatzt und den Todesspruch fällt. Die Zwölfte Fee kann das Unheil abwenden. Zwölf Brüder und zwölf Jäger kommen ebenfalls häufig in Märchen vor, in denen schwierige Zeiten überstanden werden müssen. Die Zwölftonmusik hat eine neue Musikepoche eingeleitet. Im Mandala kann die Zwölf auf das sich drehende Rad der zwölf Tierkreiszeichen hinweisen. Sie kann die Aufmerksamkeit auf das Vergehen der Zeit und die Vollendung eines Zyklus lenken. Vielleicht muß etwas Unerledigtes zum Abschluß gebracht werden. Die Zwölf kann auch auf schwierige Aufgaben hinweisen, die in der Zukunft zu lösen sind. Immer deutet die Zwölf auf Vollendung und Ganzheit hin, auf eine niemals endende Spirale der Entwicklung.

Dreizehn

Die Dreizehn gilt als Unglückszahl, weil sie mit Treulosigkeit und Boshaftigkeit verbunden wird. Die dreizehnte Fee hat Dornröschen den Tod gewünscht. Die Dreizehn ist aber auch eine Glückszahl, denn ohne die Dreizehnte käme keine Entwicklung in Gang, würde Dornröschen niemals vom Prinzen wachgeküßt werden. Die Dreizehn symbolisiert Neubeginn, etwas Neues, das entstehen kann, weil sich etwas vollendet hat.

Im Mandala kann die Dreizehn auf einen Neuanfang deuten, auf einen Prozeß, der neu in Gang gekommen ist und neue Entwicklungen verkündet.

Neugier wecken und zum Experimentieren einladen

Vielleicht haben Sie sich die ganze Zeit gefragt, wie Sie mit der tiefgründigen und schier unerschöpflichen Mandala-Symbolik in der Familie, im Kindergarten oder in der Schule umgehen sollen. Es heißt sehr treffend:

Kinder kann man nicht belehren, sie können nur lernen.

Ich finde das gerade auch in bezug auf Mandalas sehr wichtig. Es langweilt und frustriert nur, sich Vorträge – und seien sie noch so kurz – über Mandalas anhören zu müssen. Kleine Kinder sollten überhaupt nicht mit der Analyse oder Interpretation von Mandalas behelligt werden. Es sei denn, sie fangen von selbst an, darüber zu philosophieren – was durchaus möglich ist.

Grundsätzlich ist auch das subjektive Empfinden vor die allgemeine Symbolik zu setzen. Was bedeutet die Taube für dich, oder was sagt dir ein rotes Herz? Wie fühlst du dich bei der Farbe Gelb?

Für Schulkinder wäre eine Mandala-Kartei für die Freiarbeit denkbar, die je nach Alter einfach oder umfangreich sein kann. Hier könnten die einzelnen Formen und bestimmte Symbole vorgegeben werden, und das Kind wird aufgefordert, seine Empfindungen und Assoziationen dieser Form gegenüber aufzuschreiben. Wie wirkt diese Form auf dich? An was denkst du bei dieser Form? Was löst sie in dir aus?

Stell dir vor, dein Zimmer hätte diese Form, wie würdest du dich fühlen?

Stell dir vor, du würdest in einem Zelt aus dieser Form schlafen – wie ginge es dir damit? Geometrie könnte auf diese Weise eine ganz neue Dimension erhalten, könnte Freude und Forschergeist entfachen.

Das gleiche könnte mit Farben geschehen, die man als Tonpapier in DIN-A3-Bögen zur Verfügung stellen kann. Die Aufgabe könnte dann lauten: „Setze dich fünf Minuten ganz still vor diese Farbe und schreibe dann auf, welche Gedanken dir dabei kommen und welche Gefühle diese Farbe in dir auslöst."

In welcher Farbe sollte dein Zimmer, der Klassenraum, ein Spielhaus getrichen werden? Und warum? Was ist deine Lieblingsfarbe? Was löst diese Farbe in dir aus? Wie fühlt sie sich an deinem Körper an, wenn du ein T-Shirt in dieser Farbe trägst oder dir ein Seidentuch in dieser Farbe über den Kopf legst? Wäre es nicht spannend, später zu vergleichen, ob mehrere Kinder das gleiche empfunden haben?

Man könnte auch natürliche Gegenstände bzw. Pflanzen oder Materialien in dieser Farbe sammeln und zusammenstellen lassen und später herausfinden, wie Farben entstehen und wie man Farbstoffe herstellen und färben kann.

Zahlen faszinieren Kinder auf jeden Fall. Fast jedes Kind hat eine Lieblings- und eine Glückszahl. Da kann es schon ganz spannend sein, sich mit der Symbolik der Zahlen zu beschäftigen, indem man etwas nachliest oder Zahlen in der Natur entdeckt. Welche Blumen enthalten die Zahl vier, welche die fünf oder sechs? Wo kommt eine drei vor? Wer findet eine sieben?

Wer kann im Mandala Zahlen entdecken?

Mathematik wird in der Schule meist unter logischen Gesichtspunkten behandelt. Dabei ist Mathematik auch und vielleicht vor allem Schönheit und Ordnung, die in der Natur vorgegeben sind.

Ein wunderbares **Einmaleins-Mandala** hat Ursula Baumann mir vermittelt. Es ist Teil des Materials von Maria Montessori für Mathematik.

Auf ein quadratisches Brett werden kreisförmig und in gleichen Abständen die Zahlen von 0-9 im Uhrzeigersinn markiert. Die Null steht da, wo sonst die Zwölf ist. Zu jeder Zahl wird ein Nagel eingeschlagen, so daß eine symmetrische Anordnung von zehn Zahlen in einem Kreis entsteht, die durch Nägel markiert ist. Sie benötigen jetzt einfarbige Kordeln, die jeweils eine Einmaleinsreihe symbolisieren.

Nehmen Sie jetzt z. B. eine gelbe Kordel für das Einmal-

Zwei und beginnen dieses mit der Zwei, indem Sie die Kordel um den Nagel wickeln, so daß sie dort befestigt ist. Zweimal zwei ist vier, umwickeln Sie den Nagel der Vier. Gehen Sie dann weiter zur Sechs, zur Acht und schließlich zur Null. Wenn Sie richtig gerechnet haben, ist ein wunderschönes Muster entstanden. Nehmen Sie nun eine andersfarbige Kordel für das Einmaldrei und verfahren genauso. Bei Zahlen über zehn, zwanzig oder dreißig etc. werden jeweils nur die Einer umwickelt. Wenn also dreimal sieben einundzwanzig ist, umwickeln Sie die Eins. Auf diese Weise läßt sich das ganze Einmaleins als wunderschönes Sternen- und Kreismuster darstellen. Kein Kind wird das jemals vergessen, und fast jeder wird so gern üben!

Die Mandala -Kartei muß natürlich auch Vorlagen zum Ausmalen enthalten. Dahinter könnte das Kind seine persönlichen Empfindungen beim Ausmalen und Betrachten des Musters schreiben. An was erinnert dich das Muster? Was hast du beim Ausmalen gedacht? An was hat wohl der Erfinder dieses Mandalas gedacht? Hast du von außen nach innen oder von innen nach außen gemalt? Welche Zahlen, Farben und Formen kommen in deinem Mandala vor?

Zum praktischen Umgang mit Mandalas

Kinder und Mandalas

Mir ist noch kein Kind begegnet, das Mandalas nicht gemocht hätte. Oft findet die erste bewußte Begegnung durch Ausgabe vorgefertigter Mandala-Mal-Vorlagen statt. Und weil fast alle Kinder im Alter von vier oder fünf Jahren an gern ausmalen, machen sie sich begeistert an die Arbeit.

Wenn Sie als Eltern oder Erzieher jüngerer Kinder dieses Buch lesen, möchte ich Sie zu einem anderen Zugang einladen, der mir spontaner, kreativer und natürlicher erscheint: Beschäftigen Sie sich mit dem Kreis, ohne viel darüber zu reden.

Was ist eigentlich alles kreisrund?

Im Frühling, auf einer Wiese, kann das ein schönes Spiel werden.

Wo gibt es im Leben sonst noch Kreise?

Wie fühlt es sich an, wenn wir im Kreis sitzen?

Im Kindergarten und in der Familie, wenn mehrere Kinder da sind, bei Geburtstagsfesten und mit viel Besuch können Sie Kreisspiele machen.

Zum Beispiel sich einen weichen Ball oder ein mit Linsen gefülltes Stoffsäckchen zuwerfen und einen Tiernamen sagen, wenn der Ball gefangen wird.

Oder gemeinsam eine zum Kreis gebundene Schnur

festhalten, auf die ein kleiner Ring gefädelt wurde, der heimlich von Hand zu Hand weitergereicht wird. Vielleicht kennen Sie das alte Lied: Ringlein, Ringlein, du mußt wandern... Einer rät, wer den Ring gerade hat, wenn das Lied endet.

Oder sich stumm im Kreis an den Händen halten und ein Signal weitergeben, z.B. einen Händedruck.

Oder ganz still im Kreis stehen oder am Boden sitzen und die Energie spüren, die von Hand zu Hand weitergeht.

Oder im Kreis etwas tanzen.

Warum haben Indianer solche Kreise wohl Kraftkreise genannt?

Oder mit Steinen einen Kreis auf den Boden legen und mit verschiedenen Farben bzw. Symbolen aus der Natur (Blätter, Blüten, Früchte etc.) die Himmelsrichtungen markieren.

Spätestens jetzt wird sich die Frage auftun: Wie bekommt man überhaupt einen Kreis?

Wie schafft man das, daß er rund wird?

Lassen Sie die Kinder eigene Ideen ausprobieren und die Lösung möglichst selbst finden: Man braucht einen Mittelpunkt. Ohne Mittelpunkt gibt es keinen Kreis.

Und jeder Kreis hat einen Mittelpunkt – auch wenn wir keine Zirkel benutzen.

Wichtig ist, die Kinder nur anzuregen, ihnen aber nichts aufzuzwingen, keine Vorgaben oder Vorschriften zu machen. Manche Kinder werden sich von dem Thema magisch angezogen fühlen und gern mit Ihnen über den Kreis philosophieren, andere werden sich langweilen oder abwenden. Das ist völlig in Ordnung. Man kann in Gruppen nicht erwarten, daß alle dasselbe spannend finden, und es ist viel schöner, differenziert vorzugehen und die anzusprechen, die gerade empfänglich dafür sind.

Eine schöne Übung ist die, sich im Kreis auf die Erde zu legen.

Wie fühlt es sich an, wenn unsere Köpfe einen kleinen und unsere Füße einen großen Kreis bilden?

Und was macht den Unterschied aus, wenn wir die Füße in Richtung Mittelpunkt und die Köpfe auf den Außenkreis legen?

Können wir mit unserem Körper weitere Kreisbewegungen bilden?

Wahrscheinlich kommen die Kinder von selbst auf das Sichdrehen, das jedes Kind irgendwann einmal ausprobiert. Haben nicht deswegen Karussels auch eine so große Anziehungskraft? Was passiert mit uns beim Drehen?

Nach solchen handlungsaktiven, beobachtenden und gestalterischen Spielen und Gesprächen ist es spannend, die Kinder Kreise malen zu lassen. Auf welche Ideen kommen sie? Welche Farben benutzen sie?

Eine spezielle Übung könnte sein, eine ruhige Musik zu spielen oder noch besser, Klangschalen anzuschlagen und die Kinder mit Wachsstiften immer wieder eine Kreislinie nachfahren zu lassen. Wie fühlt sich das an? Was erlebt ihr dabei?

Welche Phantasien kommen in euch hoch? Macht es einen Unterschied, ob ich mit geschlossenen oder offenen Augen male? Macht es einen Unterschied, ob ich einen gelben, einen roten oder einen blauen Kreis male?

Dieses Experiment ist übrigens auch für Erwachsene interessant.

Wichtig ist, sensibel für die Bedürfnisse der Kinder zu sein, Übungen nicht auszudehnen, wenn die Stimmung nicht danach ist und sich andererseits Zeit zu nehmen, wenn ein Kind ein besonderes Thema anschneidet, z. B. ob der Mond rund ist, oder was ein Mütterkreis ist, zu dem seine Oma immer geht.

Fängt man mit vorgegebenen Mandalas an, was in sehr unruhigen Gruppen vielleicht der einfachere Weg ist, ist es wichtig, nichts zu bewerten. Zum Glück gelingt das Ausmalen von Mandalas so gut wie immer, aber es ist überflüssig und oft schädlich, einzelne hervorzuheben oder andere zu kritisieren. Mandalas sind, wie sie sind. Und sie dürfen so sein, wie sie sind.

Wenn Kinder große Probleme haben, werden sie ihr Mandala vielleicht schwarz übermalen, zerknüllen oder gar nicht erst anfangen.

Kann sein, daß sie heute einfach keine Lust haben. Es kann aber auch ein Hilfeschrei sein: Guck nach mir! Ich bin aus meiner Mitte geraten.

Solchen Signalen sollten Sie nachgehen, das Kind beobachten, mit ihm zu reden versuchen und es liebevoll beachten. Senden Sie ihm die Botschaft: Ich sehe dich, und ich bin bei dir. Wenn du willst, kann ich dir helfen.

Mandalas betrachten und auswählen

Fertige Mandalas sollten stets eine Weile schweigend betrachtet werden. Dabei geht es um ein Vertiefen oder Versenken in das Bild – nicht um Bewertung.
In Gruppen vertieft sich zunächst jeder in sein eigenes Mandala. Anschließend werden schweigend auch die der anderen angeschaut.

Ein Gesprächskreis kann sich anschließen:
Wie ist es mir beim Malen ergangen?
Was hat mir gefallen und was nicht?
Wie bin ich vorgegangen?
Was habe ich dabei erlebt?

Möglich ist auch, die Kinder zu einer kleinen Phantasiereise anzuregen, in der sie sich in winzig kleine Wesen verwandeln, die das Mandala erforschen.
Die Erlebnisse im Mandala können auch aufgeschrieben werden.
In Gruppen, die Mandalas ausmalen wollen, ist es interessant, festzustellen, was jeder wählt, wenn die Kinder selbst entscheiden dürfen, was sie nehmen.
Was hat mir gerade an diesem Muster gefallen?
Eine gute Erfahrung ist aber auch, jedem die gleiche Vorlage zu geben und zu beobachten, wie durch unterschiedliche Farbgebung Verschiedenheit in der Gleichheit hergestellt wird. Ich bin immer wieder fasziniert von der Symbolkraft dieser bildlich dargestellten Aussage.
Eine analytische Betrachtung empfiehlt sich nur bei älteren Kindern und Erwachsenen.

Wieviele Farben hast du benutzt?
In welche Richtung zeigen die Formen?
Wo ist oben und unten?

Welche Formen kommen vor?
Welche Zahlen entdeckst du?
An was erinnert dich dieses Mandala?
Welche Symbole entdeckst du?

Was wollte der Maler möglicherweise damit ausdrücken? Tibetische Mandalas, die Mandalas zeitgenössischer Maler und andere historische Vorlagen geben genügend Stoff für Kunst-Leistungskurse am Gymnasium her – dies zu vermitteln ist jedoch nicht mein Anliegen. Hierfür eignen sich die Bücher von Argüelles, Holitzka und Brauen, eventuell auch Heita Copony, die ich im Literaturverzeichnis aufgeführt habe.

Versuchsweise kann man Kinder ermuntern, aus experimentellen Gründen bestimmte Mandalas oder bestimmte, vorgegebene Farben zu wählen.

Ein apathisches, eher lustloses Kind könnte z. B. animiert werden, rote Farbtöne zu benutzen: „Mal sehen, was passiert und wie sich das für dich anfühlt." Oder ein Mandala mit einem Flammenkranz bekommen oder selber entwerfen.

Ein trauriges Kind kann vielleicht mit einem Blütenmandala, mit dem Delphinsymbol und den Farben Rosa und Grün getröstet werden.

Einem „Hitzkopf" können die kühlen Blautöne gut tun.

Wie ich schon mehrfach ausführte, ist dies lediglich als Anregung und Hinweis zu verstehen. Kinder sind leicht neugierig zu machen. Jeder Zwang muß ausgeschlossen werden.

Wenn Mandalas frei und nach der Phantasie gemalt wurden, wie ich das auf S. 102ff beschrieben habe, kann man in Gruppen mit älteren Kindern und Erwachsenen, in denen eine positive Atmosphäre herrscht, folgende spannende Übung durchführen:

Die Kinder sitzen im Kreis. Jeweils ein Kind legt sein gemaltes Mandala in die Mitte. Das Kind, das das Mandala gemalt hat, darf nicht sprechen. Die anderen Kinder dürfen sagen, was ihnen zu dem Mandala einfällt – dabei geht es nicht um Bewertung, sondern um Assoziationen. Machen Sie dies an einem Beispiel vor. Zum Beispiel in der Mitte liegt ein Mandala mit bunten Farben. Dazu fällt ihnen Freude, Fasching oder Sommer ein.

Die erwachsene Person schreibt kommentarlos alles auf, was von den Kindern der Gruppe gesagt wird. Ich gehe davon aus, daß keine abwertenden oder erniedrigenden Kommentare dabei sind. Dieses Blatt bekommt das Kind, das das Mandala gemalt hat, geschenkt.

Eine weitere Möglichkeit besteht darin, statt nur einzelne Assoziationen zu sagen, Sätze zu bilden, die den Gruppenmitgliedern zu dem Mandala einfallen und die sich zu einer kleinen Geschichte zusammenfügen. Dabei besteht kein Redezwang, sondern jeder, dem etwas einfällt, darf die Geschichte weiterspinnen. Die erwachsene Person schreibt mit und übergibt dann so nach und nach jedem Kind eine Geschichte, die die Gruppe für es geschrieben hat.

Mandalas ausmalen

Nun – jeder weiß, wie man Mandalas ausmalt. Vorlagen gibt es durch dieses Buch hindurch verstreut oder in den verschiedenen Mandala-Büchern und -Kalendern. Besonders für Kinder geeignet sind die Malblöcke „Kinder malen Mandalas", Verlag am Eschbach Bde. I und II. Wer einmal etwas Neues ausprobieren möchte, kann folgende Experimente probieren:

Partner-Mandala

Die Kinder – oder Erwachsenen – erhalten zu zweit ein vorgegebenes Mandala.
Sie entscheiden nun gemeinsam, wie dieses Muster in der Mitte mit Lineal und Bleistift geteilt wird. Jeder malt nun schweigend eine Hälfte aus. Es darf nicht gesprochen werden.

Wie geht es mir dabei?
Was kommt dabei heraus?
Was ist mir aufgefallen?

Mandala der Gegensätze

Die Kinder – oder Erwachsenen – werden aufgefordert, in ihrem Mandala gegensätzliche Farben, z. B. rot und blau, zu benutzen.

Wie geht es mir dabei?
Was kommt dabei heraus?
Was ist mir aufgefallen?

Stimmungs-Mandala

Das Mandala soll in der Farbe der jeweiligen Stimmung ausgemalt werden. Dabei dürfen verschiedene Farbnuancen, also z. B. verschiedene Gelbtöne, benutzt werden, jedoch keine anderen Farben.

Wie geht es mir dabei?
Was ist dabei herausgekommen?
Was ist mir aufgefallen?

Jahreszeiten-Mandala

Das Mandala soll in den Farben der Jahreszeit ausgemalt werden.

Welche Farben sind das?
Was habe ich mir dabei gedacht?
Wie ging es mir dabei?
Was ist mir aufgefallen?

Elementen-Mandala

Im vorgegebenen Mandala sollen die vier Elemente farbig gekennzeichnet werden.

Welche Farbe wähle ich und warum?
Wie geht es mir dabei?
Was kommt dabei heraus?
Was ist mir sonst noch aufgefallen?

Mandala der vier Winde

Den Kindern wird ein Märchen vorgelesen, in denen die vier Winde oder die vier Himmelsrichtungen eine Rolle spielen, z. B. „Das singende springende Löwenäckerchen" von den Gebrüdern Grimm oder „Östlich der Sonne, westlich des Mondes", das auch als Bilderbuch im Verlag Freies Geistesleben erschienen ist und in verschiedenen Fassungen in sehr vielen Märchenbüchern steht. Anschließend malen sie schweigend ein Mandala aus, in dem die vier Himmelsrichtungen farblich gekennzeichnet werden sollen. Es gibt hierbei kein richtig und kein falsch.

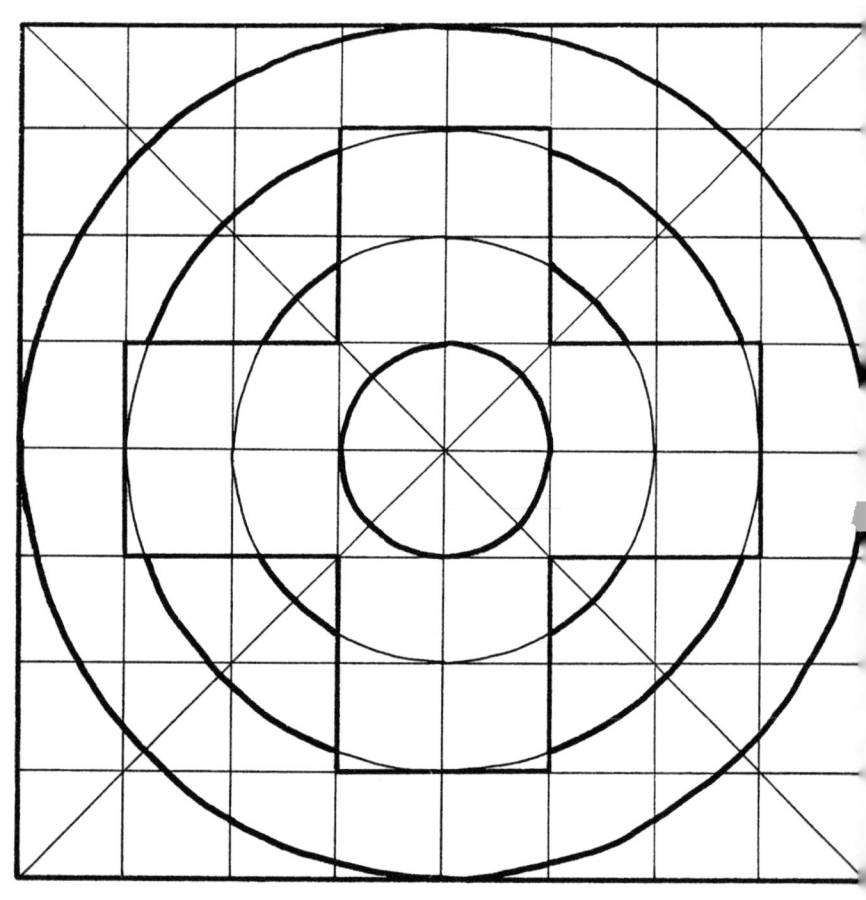

Natürlich kann das auch in Zusammenhang mit dem „Sachthema" Kompaß oder Karte gemacht werden, wobei man dann den Norden oben und den Süden unten etc. festlegt.

Noch besser würde mir gefallen, zu dem Märchen oder den Sachthemen ein freies Mandala malen zu lassen, wobei die Kinder lediglich die Kreisform als Vorgabe erhalten und selber die vier Richtungen markieren. Kinder, die hier Schwierigkeiten haben könnten, müssen Hilfestellung erhalten, damit sie unbedingt ein Erfolgserlebnis haben. Eine weitere Möglichkeit wäre, die Kinder wählen zu lassen, ob sie frei oder nach Vorlage malen wollen.

Außerdem kann man Kinder, die gern, viel und gekonnt malen und Lust dazu haben, ermuntern, für ihre Klassenkameraden Mandalas zu entwerfen, die dann kopiert werden und nach Belieben ausgemalt werden dürfen.

Mandalas als Spiegel der Seele

Unsere Seele drückt sich in Bildern aus. Nicht nur in Träumen und Phantasien, sondern auch in dem, was wir malen und gestalten. Kinderzeichnungen gelten von jeher als Spiegel ihrer Seele, denn kein Kind malt eine lachende Sonne, wenn es schwere Probleme mit sich herumträgt.
 Die Sprache des Unbewußten ist bildhaft.
 Bilder prägen und verändern uns, unsere inneren Bilder bestimmen unser Handeln und Verhalten. Wenn ich mir mein Kind als Opfer eines schlimmen Verkehrsunfalles vorstelle, werde ich unruhig und voller Angst. Wenn ich vor meinem inneren Auge das Bild seines Schutzengels

entstehen lasse, der seine liebevollen Hände über es hält, bin ich ruhig und unbesorgt.
Es gibt heilende und zerstörende Bilder, liebevolle und grauenvolle Vorstellungen. Mit vielen anderen Philosophen und Weisen glaube auch ich, daß wir die Realität mit unseren Gedanken und inneren Bildern, mit unseren Phantasien und Visionen beeinflussen und kreieren.
Die Art und Weise, wie wir über die Welt denken, welche Bilder wir uns von ihr machen, schafft Realität.
Umgekehrt können Bilder unsere Seele beeinflussen, zutiefst berühren. Jeder hat wohl schon einmal die Erfahrung gemacht, daß er ein Bild unbedingt wieder und wieder betrachten mußte, ein Poster unbedingt wollte oder sich von einem Gemälde magisch angezogen fühlte.
C. G. Jung, der Schweizer Psychoanalytiker und Arzt, der sich viel mit den Symbolen der Menschheit beschäftigt hat, fand im Mandala **das** Symbol des Selbst.
Er beschäftigte sich nicht nur mit den indischen und tibetischen Mandalas, sondern ließ auch seine Patienten Mandalas zeichnen. Dabei forderte er sie auf, ihrer Phantasie freien Lauf zu lassen und spontan ein Kreisbild zu erschaffen.
Eine Fülle solcher wunderschöner Bilder ist uns in seinem Buch „Mandala- Bilder aus dem Unbewußten" überliefert.
Für Jung drückt sich im Mandala die **Ganzheit des Selbst** aus. Das bedeutet: Auch wenn wir uns noch so angsterfüllt, zerstückelt, einsam und abgetrennt fühlen: In uns gibt es eine Vollkommenheit, eine goldene Kugel oder einen leuchtenden Kern, symbolisch gesprochen, der unverletzlich und ewig ist: unser Selbst. Gelegentlich wird auch vom höheren Selbst gesprochen, denn das Selbst ist" höher" als alle Vernunft, ist selbst der göttliche Teil in uns. Nach meiner Vorstellung ist dieser göttliche

Kern real, damit meine ich: wirklich vorhanden, während unsere Ängste und Unvollkommenheitsgefühle Teil der Maya, der alltäglichen Illusion sind, der wir uns in immer wieder neuen Varianten widmen. Diesen göttlichen Kern in uns zu entdecken, ist nach Jung unsere Aufgabe, etwas, was unsere Seele von Natur aus anstrebt, indem sie sich nach Selbstverwirklichung und Ganzheit sehnt.

Jung selber hat jeden Tag ein Mandala gezeichnet – als eine Art Tagebuch oder Dokumentation seines Seelenlebens: „Ich skizzierte jeden Morgen in ein Carnet eine kleine Kreiszeichnung, ein Mandala, welches meiner jeweiligen inneren Situation zu entsprechen schien... Nur allmählich kam ich darauf, was das Mandala eigentlich ist: ...das Selbst, die Ganzheit der Persönlichkeit, die, wenn alles gut steht, harmonisch ist..." (zit. n. Fincher S. 13).

Nach Jung haben Kinder wie Erwachsene die Aufgabe, in diesem Leben ihr Selbst zu entwickeln und weiter zu vervollkommnen, bis sie sich eines Tages vollständig mit dem großen Ganzen vereinen, für das Menschen verschiedene Namen gefunden haben.

Ich möchte es hier Nirwana oder ewiges Licht nennen, alles nur Symbole für die Unfähigkeit unserer Sprache, etwas auszudrücken, was wir zwar ahnen, aber nicht genau wissen, geschweige denn ausdrücken können.

Die amerikanische Kunsttherapeutin Susanne F. Fincher, die nach dem Tod ihres Kindes und der Scheidung von ihrem Mann in eine tiefe Krise geraten war, beschreibt in ihrem Buch, wie sie sich mit einem Satz Filzstiften und Zeichenpapier Mandalamalend selbst aus der Krise rettete. Spontan und ohne jede Vorkenntnis.

Erst später beschäftigte sie sich auch theoretisch mit Mandalas und wurde schließlich Kunsttherapeutin.

Kinder – unabhängig davon, wo auf der Welt sie leben – fangen im Alter von ungefähr vier Jahren spontan an, Kreise zu zeichnen.

Sie gleichen interessanterweise denen, die unsere Vorfahren vor Jahrtausenden in die Felsen ritzten.

Man kann davon ausgehen, daß das Zeichnen solcher Mandalas Kindern hilft, ihre Identität zu finden, daß sie Teil ihres natürlichen Orientierungsprozesses sind, der es ihnen ermöglicht, sich ihrer selbst bewußt zu werden und in der realen Welt von Zeit und Raum einen Platz zu finden. Der Drang, sich in diesem Leben zurechtzufinden, führt offenbar auch zum Mandala.

Nach ersten Kreisen entstehen Gesichter – Punkt, Punkt, Komma, Strich, fertig ist das Mondgesicht.

Bald danach wird die Sonne gemalt, die als Symbol der Lebensfreude auf fast jedem Kinderbild zu finden ist.

Jung entdeckte, daß das Malen und Träumen von Mandalas ein natürlicher Teil des menschlichen Entwicklungsprozesses ist.

Das Mandala weckt die Kräfte des Selbst, fördert unsere innere Ordnung und hilft uns, innere Konflikte nach außen zu bringen.

Es kann daher äußerst heilsam oder einfach nur wohltuend sein, selber Mandalas zu gestalten und hierdurch seinem eigenen Unbewußten zu begegnen.

Diese Form des Malens stellt eine aktive Meditation dar und kann der persönlichen Weiterentwicklung dienen.

Intuitives Malen von Mandalas

Während kleine Kinder – wie erwähnt – von selbst und spontan Mandalas zeichnen, brauchen ältere Kinder und Erwachsene hierfür eine Anleitung, die ihnen hilft, das schon entwickelte logische und bewußte Denken für diese Übung weitgehend auszuschalten. Sie sollten, wenn

Sie Kinder mit Mandalas vertraut machen und in die Stille führen wollen, eigene Erfahrungen mit Mandalas haben. Dazu eignet sich das intuitive Malen von Mandalas bestens.
Zuerst sollte das Material bereitgestellt werden.

Sie benötigen:
- weißes oder farbiges Zeichenpapier;
- Pastellkreiden, Wachsstifte, Auarellfarben oder gute Buntstifte;
- falls erwünscht: Lineal und Zirkel oder eine Scheibe oder ein Teller, mit dem man den Kreis zieht. Ich selber bevorzuge das ganz freie Malen ohne Hilfsmittel;
- ein Notiz- oder Tagebuch zum Aufschreiben der Empfindungen und Gedanken (falls erwünscht);
- eine glatte Unterlage;
- auf Wunsch leise, ruhige Musik;
- ungefähr eine Stunde ungestörte Zeit.

Wenn Sie alles bereitgelegt haben, nehmen Sie eine ruhige meditative Haltung ein und entspannen sich. Das kann gemeinsam mit Ihrem Kind geschehen – allerdings stets freiwillig. Die Regeln sollten zuvor bekannt sein.

Richten Sie Ihre Aufmerksamkeit zunächst auf Ihren Atem, wie er kommt und geht, ganz von allein.

Spüren Sie auch ihren Körper, wie er sich jetzt anfühlt und wo der Körper vom Atem bewegt wird.

Lassen Sie mit jedem Ausatmen alle Unruhe, alle Gedanken und Sorgen aus Ihrem Körper herausfließen. Erzwingen Sie nichts, wünschen Sie nichts, bewerten Sie nichts, lassen Sie alles so geschehen, wie es geschieht.

Alles ist richtig und gut, so wie es ist.

Wenn Sie sehr unruhig sind, können Sie ein paar einfache Yoga-Übungen vorweg durchführen, z. B. indem Sie sich in der Rückenlage am Boden Ihres Atems bewußt werden und dann mit jedem Einatem ihre Arme ausgestreckt hinter Ihrem Kopf ablegen und mit jedem Ausatem die Arme wieder in die Ausgangsposition neben dem Körper zurücklegen.

Wenn Sie sich ausreichend entspannt und wohl fühlen, können Sie – falls nicht schon geschehen, Ihre Augen schließen und Ihre Aufmerksamkeit nach innen richten.

Es kann sein, daß vor Ihrem inneren Auge Farben oder Formen auftauchen. Denken Sie nicht darüber nach und wählen Sie eine Farbe, eine Form oder ein Gefühl als Ausgangspunkt. Wenn nichts erscheint, machen Sie einfach weiter.

Öffnen Sie dann die Augen und betrachten die Farben der Stifte oder des Aquarellkastens vor sich. Wählen Sie nach Gefühl und Intuition eine Farbe aus, mit der Sie das Mandala beginnen, indem Sie einen Kreis zeichnen.

Beginnen Sie dann, den Kreis mit Farben und Formen zu füllen. Sie können in der Mitte oder am Außenrand beginnen, sollten aber die einmal gewählte Richtung nicht wechseln. Also entweder von außen nach innen oder von innen nach außen.

Es spielt keine Rolle, ob Sie dabei ein bestimmtes Muster im Kopf haben oder ob Sie ganz spontan vorgehen. Es gibt kein richtig oder falsch.

Malen Sie so weiter, bis Sie das Gefühl haben, das Mandala sei fertig.

Als nächstes drehen Sie Ihr Bild solange, bis Sie das Gefühl haben, die richtige Position gefunden zu haben. Wenn Sie es als harmonisch empfinden oder ein Gefühl der Freude und Entspannung in Ihnen auftaucht, haben Sie die richtige Position gefunden. Markieren Sie dann die obere Seite mit einem O und setzen Sie unten ein Datum ein, falls Sie sich später noch einmal damit beschäftigen wollen.

Sie können jetzt entweder aufhören, sich mit dem

Mandala zu beschäftigen, oder eine stille Betrachtung anschließen.

Legen Sie hierzu das Mandala so vor sich hin, daß Sie es aus einem passenden Abstand, ungefähr einer Armlänge, betrachten.

Möchten Sie einen Titel für Ihr Mandala finden? Eine andere Möglichkeit ist, daß Sie sich vorstellen, winzig klein zu sein und Ihr Mandala zu durchwandern. Diese Vorstellung wird besonders manchen Kindern gefallen.

Was erleben Sie dabei?

Diese oder beim Malen erlebte Gefühle oder Gedanken können in einem Notizbuch festgehalten werden.

Wenn Sie Ihr Mandala für sich selbst deuten wollen, schreiben Sie seine Farben heraus und untereinander, beginnen Sie dabei mit der am vorherrschendsten Farbe.

Schreiben Sie dann hinter jede Eintragung, was Ihnen dazu einfällt, wenn Sie die Farbe betrachten. Dabei können Sie erleben, welche Farben Sie mögen oder nicht mögen, welche Personen Sie mit den Farben verbinden, welche Gefühle und Erinnerungen hoch kommen.

Schreiben Sie als nächstes die Zahlen und Formen in Ihrem Mandala auf. Wenn Sie konkrete Gegenstände wie Herzen, Rosen, Blätter oder Tropfen gemalt haben, notieren Sie diese ebenfalls untereinander. Schreiben Sie dann auch wieder hinter jede Notiz Ihre Assoziationen.

Wenn Sie alles aufgeschrieben haben, können Sie prüfen, ob Ihre Einfälle mit dem Titel des Mandala in Verbindung stehen. Vielleicht deuten sie auf ein bestimmtes Thema hin. Versuchen Sie als nächstes, das Hauptthema Ihres Mandalas in ein paar Sätzen auszudrücken.

Wenn Sie diese Übung mit mehreren Menschen gemeinsam durchgeführt haben, können Sie auch die Assoziationen der anderen zu Ihrem Mandala festhalten.

Zum Schluß kann immer ein Satz oder eine kleine

Geschichte stehen, die sozusagen die Quintessenz aus den Assoziationen ist. Es kommt überhaupt nicht darauf an, ein Mandala bis ins letzte zu ergründen.

Es wird aber nach und nach erkennbar, daß Mandalas Ihr ganz persönlicher Ausdruck sind, ein Teil Ihres Selbst, das sich mehr und mehr in seiner Einzigartigkeit entfaltet.

Mit Mandalas heilen

Ich habe schon darauf hingewiesen, daß in Tibet und bei den Navajos Mandalas auch zu Heilzwecken benutzt werden.

Obwohl wir nicht über eine überlieferte geistige „Mandala-Heil-Tradition" verfügen, glaube ich, daß Mandalas im psychischen und körperlichen Sinn heilend wirken können.

So berichtete mir kürzlich eine Frau, daß sie von einem tibetischen Mandala, das sie in einem Kunstband in einer Bibliothek fand, derart fasziniert war, daß sie eine teure Farbkopie anfertigen ließ, weil sie sich nicht von ihm trennen wollte. „Immer wenn ich dieses Bild anschaue, geht es mir besser, fühle ich mich irgendwie wohl."

Eine andere Klientin erzählte mir, daß sie nach einer Krebsoperation zufällig einen Mandala-Malblock entdeckt hätte und nun begeistert ausmale.

„Seitdem ich Mandalas ausmale, habe ich meine innere Ruhe und Ausgeglichenheit wiedergefunden."

Auch mit gestörten oder verstörten Kindern kann man gut mit Mandalas zu arbeiten versuchen.

Ich empfehle hierfür ein kreisrundes, einfarbiges Tischtuch (am besten mehrere Farben zur Auswahl), eine runde Filzplatte oder einen runden Tisch beliebiger Größe. Wer

dies nicht zur Verfügung hat, kann auch einfach einen Mittelpunkt – z. B. eine Blüte oder ein Schneckenhaus – wählen lassen und das Mandala um diesen herum gestalten.

Zur Verfügung stehen sollten außerdem vielfältige Symbole: Tücher in verschiedenen Farben, kleine symbolische Gegenstände und Figuren wie z. B. ein Teelicht, ein Baum, eine Schüssel mit Wasser und eine mit Erde und Sand, menschliche und Tierfiguren, Perlen, Murmeln, Steine, Muscheln, Früchte, Samen...

Dem Kind sollten keinerlei Vorschriften gemacht und höchstens Anregungen gegeben werden wie: „Welcher bist du?" (mit Blick auf die Figuren).

„Lege Dich in die Mitte." „Was gehört noch zu dir?"

„Welche Farbe hat dieses Gefühl?"

Sehr behutsam kann das Kind so angeleitet werden, sein eigenes „Universum" zu legen, sein Problem und Umfeld symbolisch darzustellen.

Wenn das Kind seine Arbeit beendet hat, wird das Dargestellte besprochen, niemals bewertet.

„Wie ging es dir, als du das gelegt hast?"

„Was hast du dir dabei gedacht?"

Gemeinsam kann auch eine Geschichte zu dem Mandala erfunden werden.

Oder man stellt sich vor, ganz klein zu werden um durch das Mandala zu wandern. Was möchtest du im Mandala tun? Was willst du dir genauer angucken? Wem willst du begegenen? Gegen wen willst du kämpfen? Wen willst du besiegen oder vernichten? Wem willst du helfen?

Die symbolische Vernichtung einer Bedrohung kann äußerst befreiend wirken, und das Einnehmen einer anderen Perspektive kann neue Lösungen finden helfen.

Körperlich kranken Kindern kann die Betrachtung von Mandalas, die sie sich selber aussuchen, helfen. Hierfür kann man selbst angefertigte Mandalas benutzen (z. B. als Seidenkissen) oder aus Büchern historische Vorlagen vergrößern und farbkopieren. Lohnend ist immer die Frage: „Welche Farbe würde dir jetzt gut tun?" Oder: „Welches Mandala möchtest du dir von deinem Bett aus ansehen?" Kinder, die sich hinsetzen oder aufstehen dürfen, können im Sommer in einer kreisrunden, flachen Schale Blumen-Mandalas legen. Wenn sie naturheilkundliche Medikamente bekommen, kann man ihnen die entsprechenden Pflanzen möglicherweise für ein Mandala besorgen. Sie können so Freude an den natürlichen Kräften, an der Schönheit und Heiterkeit der Pflanzen empfinden.

Im Herbst bieten sich Mandalas aus verschiedenen Früchten, bunten Blättern, Nüssen und Samen an.

Im Winter kann man Gewürze (Zimtstangen, Sternanis, Lorbeerblätter u.v.m.), Nüsse und Früchte nehmen.

Mandalas helfen heilen, indem sie eine Freude für das Auge und die anderen Sinne sind, indem sie das Herz berühren, wohltuende Farben und Gerüche verbreiten und symbolisch ausdrücken, was Worte nicht so überzeugend vermitteln können:
Es wird alles gut werden – was immer geschieht.

Nicht alle Kinder werden gesund.

Wenn Eltern und Kinder sich vor dem Tod mit Mandalas beschäftigen, können sie vielleicht erfahren, daß jeder Tod ein Übergang ist und die Geborgenheit nach dem Tod einen neuen lichten Anfang nimmt.

Das Leben, auch das kurze Leben, kann als ein Gang durchs Mandala verstanden werden. Von außen nach innen in ein helles Licht, in den Punkt der Ewigkeit, zurück zum Ursprung.

Mandalas legen

Kreisbilder lassen sich am eindrucksvollsten in der freien Natur legen. Das kann vorbereitet oder unvorbereitet geschehen.
Auf jeden Fall sollte es auf **Ihre besondere Art** geschehen. Wenn ich jetzt in dem folgenden Text Anregungen gebe, wie man ein Kreisbild legen könnte, dann sind dies nur meine Ideen. Sie können ganz andere Ideen haben, anders vorgehen.

Spontan haben Sie vielleicht auf einem Spaziergang Lust, an einer bestimmten Stelle zu verweilen.
Was ist das Anziehende an diesem Ort? Welche Besonderheiten hat er? Welche Himmelsrichtungen können Sie ausmachen? Wie steht die Sonne?

Vielleicht liegen zufällig Bucheckern herum, vielleicht Blätter oder Steine. Vielleicht ist der Boden glatt und lädt zum Malen mit einem Stock ein.

Fangen Sie an, indem Sie sich von der Erde inspirieren lassen – mit einem Punkt oder einem Kreis z. B. aus roten Blättern. Arbeiten Sie schweigend. Bestimmt fragt Ihr Kind bald: „Was machst du da?" Sie können dann antworten: „Ich möchte ein Kreisbild legen. Und ich möchte das still tun. Dann gelingt es mir besser." Wahrscheinlich möchte sich Ihr Kind jetzt still beteiligen oder sein eigenes Bild legen.

Ist Ihr Kind nicht in der Stimmung für so eine ruhige Beschäftigung, wird es wahrscheinlich etwas abseits sein Spiel spielen. Erzwingen Sie nichts. Lassen Sie sich überraschen, wie Ihr Kind später Ihre Idee aufgreifen wird.

Eine andere Möglichkeit ist etwas lebhafter und lauter: Sie verteilen Aufgaben, indem Sie Ihr Kind etwas suchen lassen, das z. B. gelb ist. Und dann etwas, das glänzt, etwas, das rund ist oder etwas, das von einem Tier oder von einem Baum stammt.

Während Ihr Kind diese Dinge herbeischafft, legen Sie sie zu einem Kreisbild zusammen.

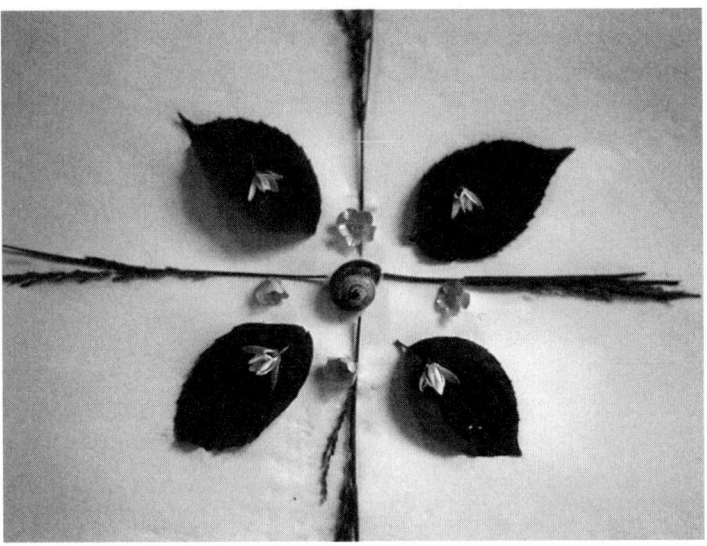

Fast alle Kinder haben sehr viel Spaß an solchen Suchspielen.

Ein andermal haben Sie vielleicht Lust, ganz gezielt im Freien ein Mandala zu legen und alle mitzunehmen, die auch Freude daran haben. Sie könnten mit so einem Mandala den Vögeln eine Freude machen oder einfach Ihren Dank für das schöne Wetter oder einen gelungenen Tag ausdrücken.

In Gruppen könnte man mit so einem Mandala schweigend am Morgen seine Hoffnungen für den kommenden Tag ausdrücken oder am Abend eine sinnbildliche Zusammenfassung des Gruppengeschehens geben.

Ihren eigenen Einfällen und Ihrer Intuition sind keine Grenzen gesetzt.

Lassen Sie die Teilnehmer – unabhängig davon, ob das Ihre Kinder oder andere Gruppenmitglieder sind – etwas von sich mitbringen. Ein Symbol, das etwas von ihnen selbst ausdrückt. Hierfür sollten Sie etwas stille Zeit haben, um nachzuspüren, was das wohl sein könnte. Nehmen Sie zusätzlich z. B. in Gläsern Reiskörner, Getreide, Nüsse, Früchte oder andere natürliche Dinge mit, die Sie bereit sind zu „opfern". Gehen Sie damit an einen von Ihnen gewählten besonderen Ort, den Sie – wenn Sie auf Perfektion wert legen – schon vorbereitet haben können, z. B. indem Sie mit einem Stock und einem Faden einen Kreis markiert haben.

Versammmeln Sie sich zunächst still an diesem Ort im Kreis und fassen Sie sich an den Händen, um die Energie spürbar werden zu lassen, die in so einem Kreis fließt.

Sagen Sie noch einmal laut, wofür dieses Mandala gedacht ist, z. B. „Wir möchten mit diesem Mandala unsere Freude zum Ausdruck bringen, daß Christoph wieder gesund ist." Oder: „Wir möchten mit diesem Mandala danken, daß wir heute so einen schönen Tag erleben durften."

Bleiben Sie so eine Weile in stiller Meditation. Besonders schön ist es, wenn Sie in diesem Kreis

Tönen

Das ist eine sehr einfache und wirkungsvolle Form, sowohl still zu werden, als auch Energien zu spüren. Indem Sie im Kreis stehen oder sitzen, lassen Sie mit dem Ausatem einen Ton als Vokal aus sich herausfließen. Es spielt keine Rolle, was für ein Ton das ist. Es gibt kein richtig und kein falsch. Lassen Sie es einfach geschehen, spüren Sie dem Ton nach, und stimmen Sie dann den nächsten an:

ahhhhhhhhh ohhhhhhhhh u. s. f.

Sie können die Töne den sieben Chakren zuordnen und sich vorstellen, diese durch Ihre Töne zu reinigen.

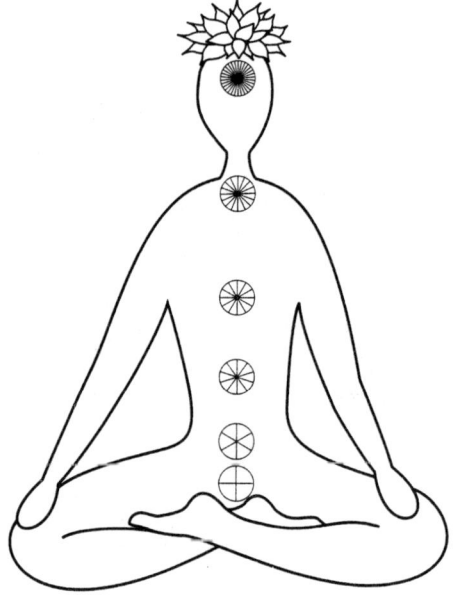

Lassen Sie sich überraschen, welche Stimmungen entstehen, welche Klänge erschallen. Manchmal wird es sich wie Katzenjammer anhören, manchmal wie Engelsgesang. Beides hat seine Berechtigung, beides ist in Ordnung. Geben Sie nicht auf, und brechen Sie nicht vorschnell ab. Meistens stimmt sich die Gruppe zum Schluß auf eine Harmonie ein. Und manchmal bleibt es bei einem schaurigen Klagegesang.

Manche Gruppen wollen vielleicht lieber ein Lied singen. Auch das ist in Ordnung. Langfristig sollten Sie sich jedoch die Erfahrung, gemeinsam in einer Gruppe zu tönen, nicht entgehen lassen. Sie ist einmalig und ungeheuer wohltuend.

Nach dieser Einstimmung beginnen Sie mit dem Legen. Dabei gibt es keine Regeln. Wenn Sie keinen Kreis vorbereitet haben, sollte allerdings ein Mittelpunkt markiert sein, z. B. mit einem Apfel oder einem Stein.

Arbeiten Sie schweigend. Das Mandala ist fertig, wenn keiner mehr etwas hinlegt.

Setzen oder stellen Sie sich dann schweigend um Ihr Bild herum und betrachten es.

Dabei können Sie sich noch einmal an den Händen halten. Mit einem Händedruck kann der Kreis aufgelöst und wieder gesprochen werden. Jetzt dürfen alle erzählen, wie es ihnen beim Legen ergangen ist und was ihnen am Mandala auffällt.

Beraten Sie auch gemeinsam, was mit dem Mandala geschehen soll: Sie können es gemeinsam Abbauen oder z. B. den Tieren oder Elementarwesen wie Zwergen und Elfen als Geschenk machen.

Weitere Anregungen für Mandalas im Freien:
Am Strand: Sand, Milliarden winziger Steinchen, ist

ein hervorragendes Medium für Mandalas. Sie können Mandalas mit Stöcken einritzen, mit Muscheln, Steinen und angeschwemmten Algen legen und später vom Meer wegspülen lassen. Am Strand wird unsere Vergänglichkeit besonders spürbar – gleichzeitig ist das Meer das Element, aus dem alles Leben entstand.

Blütenkränze, z. B. aus Löwenzahn, sind auch Kreisbilder. Sie wirken nirgends schöner als auf den Köpfen unserer Kinder.

In Räumen

lassen sich Mandalas ebenfalls auf vielfältige Weise legen. Vielleicht haben Sie von einem Ausflug Naturmaterialien gesammelt wie z. B. Kiefernzapfen, Ahornsamen, Kastanien, bunte Blätter, Hagebutten, Steine... Das ist eine lohnende Beschäftigung, wie alle wissen, die Kinder haben.

In gleich großen Gläsern aufbewahrt und aufgereiht, sieht ein solcher Vorrat nicht nur sehr ästhetisch aus, sondern kann auch für vielfältige Spiele benutzt werden: z. B. Kaufmannsladen, Essenkochen oder als Dekoration für die Eisenbahn oder Puppenstube.

Zum Legen von Mandalas sollte man diese oder gekaufte Vorräte auf flachen Tellern bereitstellen. Dazu können Symbole kommen wie Holztiere, Glaskugeln, Topfpflanzen, Tücher, Bausteine und was sich sonst noch aus Ihren Vorräten oder Ihrem Hausstand anbietet.

Am besten arbeiten Sie am Boden oder auf einem runden Tisch.

Eine einfarbige Unterlage ist wünschenswert. Am besten eignet sich ein Tuch oder Filz. Tonpapier geht auch.

Auf dieser Unterlage sollte nun entweder ein Kreis oder ein Mittelpunkt vorgegeben sein.

Nach einer stillen Einstimmung (Anregungen hierzu s. o.) fangen alle an zu legen.

Wenn niemand mehr etwas hinzulegen hat, ist das Mandala fertig. Nach einer stillen Betrachtung dürfen alle ihre Erlebnisse oder Gedanken beim Legen erzählen und sich an dem entstandenen Gemeinschaftswerk freuen.

Auf einem runden Tisch kann so ein Mandala einige Zeit stehen bleiben. Oder man baut es gleich gemeinsam wieder ab. Mandalas sind nicht für die Dauer gedacht, sondern auch Sinnbilder unserer Vergänglichkeit und der tröstlichen Vorstellung, daß nichts auf dieser Welt von Dauer ist – weder das Schöne noch das Schreckliche. Alles ist vielmehr in einen ewigen, sinnvollen Kreislauf eingebettet, der aus Enstehen oder Kommen, Bewundern und Verweilen, Loslassen oder Gehen besteht – genau wie unser Mandala.

Natürlich kann auch jedes Kind sein eigenes Mandala legen. Dabei gehen zum Schluß alle herum und betrachten die Werke der anderen still.

Seien Sie Vorbild im Nichtbewerten. Und lassen Sie die Kinder am Schluß über ihre Eindrücke reden.

Mandalas sticken

Ich habe Handarbeit immer gehaßt – besonders in der Schule. Es war eine endlose Quälerei, und nie gelang mir etwas wirklich gut.

Heute ist das Fach Handarbeit fast überall abgeschafft, und das finde ich nun richtig schade, denn wo lernen Kinder heute noch, Knöpfe annähen, stricken oder flicken?

Das schlimme an Handarbeit war ja die Bewertung und der Zwang. Freiwillig und mit einer geduldigen Anleitung könnte es richtig Spaß machen.

In meiner therapeutischen Praxis sind mir immer wieder Frauen begegnet, die sich mit Handarbeit beruhigten, ja, geradezu in einen meditativen Zustand versetzten. Dabei stand das Sticken an erster Stelle. Ich selber sticke nicht, aber ich finde, unsere Kinder haben ein Recht darauf, es zu probieren. Fast alle Fähigkeiten, die Kinder zum Sticken brauchen, sind die, an denen es heutigen Kindern oft mangelt: Sinn für Ordnung, Geduld, Überkreuzbewegungen, Konzentration... Geben wir Ihnen doch die Chance – freiwillig und ohne Bewertung.

Zum Sticken benötigt man:
– ein Stück zählbares Gewebe, ungefähr 50 mal 50 cm groß – oder kleiner. Zum Beispiel Siebleinen oder Stramin. Die Fadenabstände müssen in senkrechter und waagerechter Richtung gleich sein. Auf hellem Stoff sieht man besser als auf dunklem;
– einige Farben Stickgarn;
– eventuell einen Stickrahmen;
– eine Sticknadel mit stumpfer Spitze.

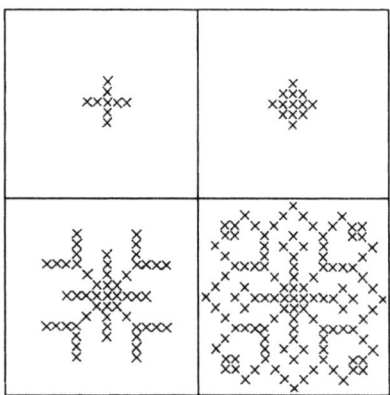

Der erste Stich wird als Kreuzstich in die Mitte gesetzt, dabei bleibt das Fadenende auf der Rückseite lose hängen und wird erst später vernäht.

Von diesem Mittelpunkt aus folgen Sie für die nächsten Kreuze einfach der Nadel, indem Sie z.B. drei Kreuze in gerader Linie nach links folgen lassen, die dann nach rechts und oben und unten wiederholt werden wollen.

Kinder, die noch nie gestickt haben, müssen erstmal das einfache auf- und absticken erproben, und das ist schon schwer genug.

Trotzdem lohnt sich die Mühe. Und der Stolz auf ein erstes gelungenes Kreuz ist groß.

Mit solchen kleinen Stickerein lassen sich später Sitzkissen gestalten, die in Kindergruppen überall Verwendung finden.

Ich finde, sticken ist etwas, was Großeltern gut mit Enkeln betreiben können. Sie haben die Geduld, die Eltern oft fehlt.

Wesentlich unkonventioneller und vielleicht auch kreativer ist das Aufsticken von Perlen, Knöpfen, Pailetten oder Ringen. Ich liebe Knopfsammlungen, und für meine Kinder hatten die Kästen, in denen ich sie aufbewahre, immer eine magische Anziehungskraft.

Mit Knöpfen kann man ein Mandala zunächst einfach legen und später vielleicht einen Mittelpunkt-Knopf annähen. Glasperlen in beliebiger Größe können rundherum oder im Quadrat angeordnet und aufgenäht werden – auf diese Weise entstehen Mandalas, die zum Befühlen einladen. Sie sind ein schönes Geschenk für Kinder im ersten Lebensjahr, wenn man sie zu einem Fühl- und Lutschkissen zusammennäht.

Solche gestickten Mandalas brauchen Zeit und werden nicht an einem Tag fertig.

In Familien können sie aber echte Gemeinschaftsprodukte werden und vielleicht drei Generationen zusammenführen.

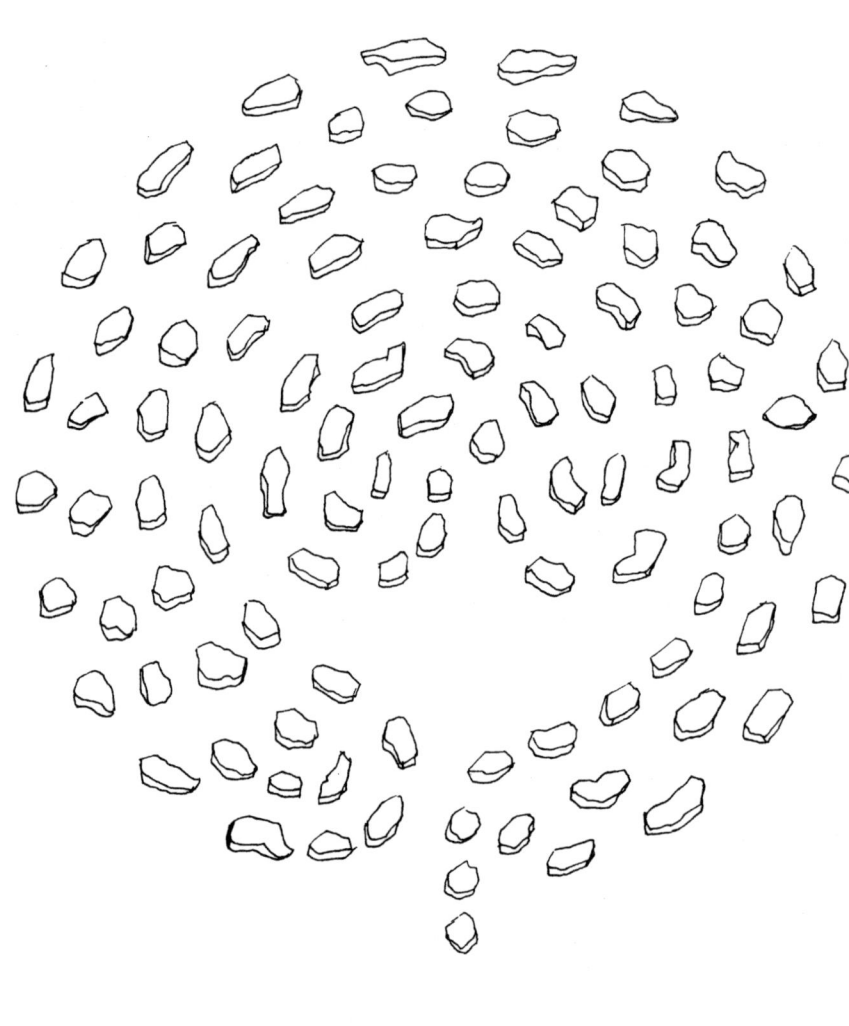

Mandalas nähen

Obwohl ich, wie berichtet, Handarbeit nicht besonders mag, habe ich seit vielen Jahren meine Leidenschaft für die Verarbeitung von Stoff entdeckt. Es gibt für mich kaum eine schönere Beschäftigung, als aus Stoffresten, Stickgarn, Märchenwolle und kleinen Applikationen wie Perlen oder Knöpfen Bilder herzustellen. Angeregt durch Lateinamerikas Frauen, die aus Lumpen wunderschöne Bilder nähen, um ihren Lebensunterhalt zu finanzieren, experimentiere ich gern mit Stoffresten und konnte auch meine Kinder dazu motivieren.

Auf diese Weise lassen sich auch Mandalas gestalten. Es ist nicht einfach, Stoff kreisrund zu schneiden, aber mit einer sehr guten Schere und Stoffkreide, die an einen Faden gebunden wird, bekommt man es durchaus hin. Besonders einfach geht es mit Filz, den man in Bastelgeschäften auch meterweise erhält.

Eine andere Möglichkeit ist, mit einem quadratischen Stück Stoff als Untergrund zu arbeiten und den Mittelpunkt, den man durch das Kreuz der Diagonalen leicht ermittelt, mit einer aufgenähten Perle, einem Ring oder einem Knopf zu kennzeichnen.

Um diesen Mittelpunkt herum können dann verschiedene geometriche Formen aufgenäht oder auch aufgestickt werden. Manchmal findet man Stoffreste, die bereits geometrische Muster haben, z.B. Blätter, Punkte oder Quadrate. Diese können dann ausgeschnitten und aufgenäht werden.

Solche Stoffbilder können in Einzelarbeit, aber auch als Gemeinschaftsprodukt entstehen und ein Schulgebäude, einen Gruppenraum oder Ihr Wohnzimmer über viele Jahre schmücken.

Mandalas körperlich darstellen

Körpererfahrungen sind für Kinder lebenswichtig und lange wirksam. Wer nie geschaukelt hat, lernt schwer lesen, schreiben und rechnen. Begreifen ist wörtlich zu verstehen.

Das einfachste körperlich dargestellte Mandala ist das sich im Kreis drehen mit ausgestreckten Armen. Fast alle Kinder lieben das, genauso, wie sie sich im Sommer von einem Hügel herunterrollen lassen.

Ein wunderbares Gefühl ist, Vater, Mutter oder einer Vertrauensperson in die ausgestreckten Arme zu laufen und im Kreis herumgedreht zu werden.

In Gruppen ist das Sitzen, Stehen oder Hocken im Kreis eine wichtige Erfahrung.

Es macht stark, im Kreis zu sitzen, es ist ein gutes Gefühl, und es lädt ein, miteinander zu sprechen oder zu spielen.

Es gibt unendlich viele Spiele im Kreis – Kinder lieben sie.

Heute haben sie fast nur noch in Gruppen Gelegenheit, im Kreis zu spielen. Die Familie ist dazu meist zu klein. Deshalb sollte in Kindergärten und Schulen der Kreis vielmehr genutzt werden, denn der Kreis ist die vollkommene Form, die Form der Gemeinschaft ohne Ausgrenzung.

Lustig ist es, sich an einem warmen Tag im Kreis Kopf an Kopf auf eine Wiese zu legen. Die Erzieherin oder Lehrerin sollte einen Fotoapparat, am besten eine Polaroidkamera dabei haben, um den Kindern zu zeigen, was für ein schönes Muster sie bilden.

Ein wiederum ganz anderes merk-würdiges Gefühl ergibt das Liegen im Kreis, bei dem man sich an den Füßen berührt und die Köpfe nach außen zeigen.

Welchen Unterschied macht es, sich an den Händen zu halten oder loszulassen? Im Kreis stehend zu tönen gehört wohl zu den mächtigsten Erfahrungen dieser Art. Sie eignen sich für Jugendliche in Gruppen voller Vertrauen, manchmal auch für jüngere Kinder – das kommt ganz auf die Stimmung in der Gruppe an. Wie das Tönen geht, habe ich auf S. 114 beschrieben.

Für alle Altersstufen eignen sich Kreistänze. Schon Kindergartenkinder machen spontan Singspiele im Kreis wie Ringel, Ringel Reihe. Melodien aus aller Welt geben uns heute eine Fülle von Möglichkeiten, uns im Kreis zu bewegen.

Es ist eine gute Erfahrung, meditative Tänze in bestimmten Kursen einzuüben. Und es ist sicherlich kein Zufall, daß diese Kreistänze zur Zeit immer beliebter und von den Kulturen der Welt bereichert werden, daher auch sehr viele Menschen ansprechen.

Wer mit Kindern arbeitet und keine Gelegenheit hat, diese Tänze professionell zu erlernen, kann trotzdem damit beginnen.

Wählen Sie eine ruhige Lieblingsmusik, die in übersichtliche Abschnitte geteilt ist.

Denken Sie sich dann, während Sie die Musik für sich hören, für jeden Teil eine einfache Schrittfolge aus, z. B. Überkreuzschritte nach links oder rechts, Schritte zur Mitte, hin und her schwingen auf der Stelle.

Hinzukommt die Haltung der Arme und Hände. Die Kinder sollen sich so anfassen, daß die linke Hand nach oben und die rechte nach unten zeigt – oder umgekehrt. Dies drückt Geben und Nehmen im Kreis aus. Die Hände können nun einfach unten gefaßt, in W-Fassung erhoben oder nach oben gestreckt werden, womit symbolisch Aufgehen oder Sich-erheben dargestellt werden kann.

Mit diesen einfachen Bewegungen können sie jeden Kanon und viele Melodien tänzerisch im Kreis gestalten. Fordern Sie die Kinder verschiedener Nationalitäten in Ihrer Gruppe auf, Ihnen ihre Tänze zu zeigen, oder besorgen Sie sich selber Musik mit Tänzen aus aller Welt, die Sie dann in einfache Schritte übersetzten.

Es ist gar nicht so schwer, und einmal eingeübt, hinterläßt es bei den Kindern bleibende Eindrücke von Gemeinschaft und Geborgenheit im Kreis.

Als ein Beispiel möchte ich das Lied „Die Flüsse, die fließen..." anführen.

Es ist auf der Kassette „Die blaue Stunde" (erhältlich über UnikumMusik, Große Pfahlstr. 10 in Hannover) festgehalten und nach einem indianischen „Chant" im Kanon gesungen.

Diese Lieder sollten vor besonderen Ereignissen Kraft und Energie geben und wurden stets im Kreis gesungen. Der Text geht so:

Die Flüsse, die fließen (vier Schritte nach rechts)
alle ins Meer (auf der Stelle hin und her schwingen)
Die Flüsse, die fließen (vier Schritte nach links)
alle ins Meer (auf der Stelle hin und her schwingen)
Mutter Erde sorgt für mich (im Kreis zur Mitte
 gehen, so daß der Kreis ganz eng wird und dabei
 die Arme heben)
Mutter Erde sorgt für dich (wieder in die große Kreisbahn zurückschreiten und die Arme senken)
Mutter Erde sorgt für uns (im Kreis zur Mitte ... wie oben)
Wir sind ihre Kinder (zurück in den Außenkreis wie oben).

Als Kanon kann dieses einfache Lied auch mit mehreren Kreisen ineinander getanzt werden.
Eine andere Möglichkeit wäre, diesen Kanon in einer Schlange und in Spiralform zu schreiten. Damit sich die Spirale wieder entrollen kann, werden mit den Armen Tore gebildet.

Das Lied fasziniert Kinder durch seine indianische Herkunft und Tradition.
Größere werden den englischen Text bevorzugen:

The rivers are flowing
flowing and growing
The rivers are flowing
down to the sea.
Mother, please carry me
mother please carry me
down to the sea.

Kleine Rituale mit Mandalas

Rituale sind für Kinder und Erwachsene äußerst wichtig. Sie geben nicht nur Sicherheit und Geborgenheit, sondern werden auch zu einem unvergeßlichen Element im Leben, weil sie alle Sinne ansprechen. Wir sehen Farben und Formen, wir riechen bestimmte Düfte, wir fühlen die Gemeinschaft, die Wirkung von Farbe und Form, die Eigenschaft der verwendeten Materialien, wir hören eine bestimmte Musik, und wir schmecken bestimmte Speisen. Aus der tantrischen Tradition kommt ein Ritual, das „Das Erwecken der Sinne" heißt. Dabei werden die Teilnehmer mit wohltuenden Farben und Formen, mit Düften, liebevollen Berührungen, Musik und besonders leckeren kleinen Speisen verwöhnt und so ihre Sinne erweckt.

Rituale können ganz unterschiedlich gestaltet werden. Mit Mandalas werden sie wortwörtlich zu einer runden Sache.

Besondere Symbole und Farben

Jedes Kind weiß, daß eine kirchliche Hochzeit mit einem weißen Brautkleid stattfindet, und daß Schwarz die Farbe der Trauer ist. „Rot ist die Liebe", meinen viele.

Kinder wissen auch, daß Ringe für Verbindungen und

Bünde stehen, daß Rosen und Herzen Liebe bedeuten, daß ein Schwein, ein Schornsteinfeger, ein vierblättriges Kleeblatt und ein Hufeisen Symbole für Glück sind.
Fahnen, Städtewappen und Fußballvereine haben bestimmte Farben, die einen Symbolwert besitzen und manchmal Gegenstand des Unterrichts sind.

Andere Symbole sind vielleicht nicht so geläufig und müssen eingeführt und erklärt werden.

So essen wir zu Ostern Eier, weil die Hühner um diese Zeit wieder zu legen anfangen, wenn sie natürlich aufwachsen. Eier sind ein Fruchtbarkeitssymbol, das in einer Zeit, wenn die Natur aus dem langen „Winterschlaf" erwacht, besondere Beudeutung hat.

Gelb als Osterfarbe ist die Farbe der Frühlingssonne, der Eidotter und natürlich der Osterglocken, die nun überall aus der Erde kommen.

Auch Weihnachten hat seine besonderen Farben. Dunkelgrün sind die Tannen, die wir ins Haus holen und als

Weihnachtsbaum aufstellen. Ilex oder Stechpalme, die immergrüne Pflanze mit dunkelgrünen Blättern und knallroten Beeren, wurde schon von unseren Vorfahren als heilig erklärt, schützte sie doch vor Bösem, indem Menschen sich in früheren Zeiten in ihrem schier undurchdringlichen Gebüsch vor Kriegern verstecken konnten, und ist sie doch mit den immergrünen Blättern wie die Tanne ein Symbol des Lebens und der Unsterblichkeit der Seele. Rot sind die Äpfel, die zumindest in früherer Zeit in den Weihnachtsbaum gehängt wurden und auch im Winter früher noch gegessen werden konnten, weil sie lagerbar sind. Als Fest der Liebe darf die Farbe Rot nicht fehlen, die manchmal auch durch rote Rosen im Tannenbaum zum Ausdruck gebracht wird.

Für Geburtstage sind Blumen und Pflanzen, insbesondere Bäume, ein schönes Symbol.

Zur Geburt und zum Geburtstag bekommen Mutter und Kind Blumen geschenkt, als Zeichen der Schönheit, Vielfalt und Lebensfreude. Früher war es üblich, zur Geburt eines Kindes einen Baum zu pflanzen. Oft wählte man einen Kirschbaum für ein Mädchen und einen Apfelbaum für einen Jungen. Die Plazenta wurde auch häufig unter Bäumen vergraben.

Jede Jahreszeit bringt bestimmte Blumen mit sich: Veilchen, Narzissen und Tulpen gehören zum Frühling, Pfingstrosen zu Pfingsten, Rosen, Rittersporn, Löwenmäulchen, Sonnenblumen und viele andere zum Sommer.

Astern gehören zum Herbst und Christrosen, Schneeglöckchen und Tannen zum Winter.

Heute, wo man zu jeder Jahreszeit jede Blume kaufen kann, geht diese Symbolik häufig verloren.

Aufmerksame Beobachter werden jedoch zu jeder Jahreszeit Pflanzen draußen finden, die das Wesen dieses Monats und seine Besonderheit prägen. Wie wäre es, den

Monaten neue Namen zu geben, die sich aus den Naturbeobachtungen ableiten?

All diese Erscheinungen gehören zu einem Geburtstagsritual dazu, genau wie das Lebenslicht und der Kuchen, der ja traditionell auch kreisrund gebacken wird.

Wer einen Bezug zur Astrologie hat, kann die jeweiligen Sternzeichen hinzufügen und dem Kind erklären.

Kinder lieben Rituale, die sich stets auf gleiche Weise wiederholen sehr, und es ist in vielen Familien eine schöne Sitte, zum Kindergeburtstag stets denselben Lichterkranz anzuzünden, denselben Kuchen zu backen und dasselbe Lied zu singen.

Ein von der Familie oder Kindergruppe gepflückter Blumenstrauß ist etwas ganz anderes als ein gekaufter, und das Kind kann auf diese Weise einen ganz selbstverständlichen Bezug zu „seiner" Blume und „seiner" Tradition bekommen, die ihm Sicherheit und Geborgenheit vermitteln kann.

Auch die Taufe hat ihre bestimmten Symbole. Da ist zunächst das Wasser als Zeichen der Reinigung und Quelle des Lebens, die Taube als Symbol des heiligen Geistes und der Unsterblichkeit der Seele, das Licht und die Farbe Weiß für Unschuld und Reinheit.
Eine Kette mit einem Kreuz ist ein zur Erstkommunion oder Konfirmation übliches Geschenk. Es wäre schön, wenn Eltern, Paten oder Großeltern dem Beschenkten mehr über das Kreuzsymbol erzählen könnten als nur, daß Jesus daran gestorben ist.

Margret Minker hat in ihrem Buch „Der Mondring" empfohlen, Mädchen zur ersten Menstruation ein Geschenk in Form eines besonderen Ringes zu machen. Sie beschreibt die Symbolik besonderer Steine, die sich hierfür eignen.
Ich finde diese Idee sehr gut, fehlt es uns doch an stimmigen Übergangsritualen für Mädchen auf der Schwelle zum Frausein und erst recht für Jungen.

Besondere Symbole, die Kindern, Jugendlichen und Erwachsenen helfen, ihr Selbstbewußtsein zu entfalten und ihre Stärken zu entdecken, können auch **Krafttiere** sein. Schamanen haben solche Tiere als Helfer, wenn sie in andere Welten reisen, um Kranken zu helfen oder Probleme zu lösen. Wenn man sich still hinsetzt und in einem entspannten Zustand vor seinem inneren Auge ein Bild entstehen läßt von einem Tier, das einem Kraft und Stärke und besondere Fähigkeiten verleiht, wird irgendeine Tiergestalt auftauchen, mit der es sich allemal lohnt, sich zu beschäftigen. Welche besonderen Fähigkeiten, welche Ausstrahlung hat dieses Tier? Was könnte ich von diesem Tier lernen? Was könnte ich mit ihm entdecken?

In Mandalas gemalt helfen einem die Tiere, sich an ihre „Medizin" oder Weisheit zu erinnern und ihr Hilfs- und Schutzangebot anzunehmen.

Auch Kränze können als besondere Mandalas verstanden werden. Sie sind in unserer Kultur seit Urzeiten verbreitet. Bis heute hat fast jede Familie einen Adventskranz, der mit seinen nacheinander mehr werdenden Lichtern das Dunkel der Winterzeit erhellt und die Geburt Christi vorbereitet.

Osterkränze mit Frühlingsblumen und frischen Weidenzweigen hängen im Frühling an vielen Türen, um die Freude des neuen Lebens, das die Erde überall hervorbringt, auszudrücken.

Mädchen bindet man Blütenkränze, um ihre Schönheit zu unterstreichen und Lebensfreude und Fülle an natürlichen Gaben auszudrücken.

Der Maibaum, der symbolische Dank an Mutter Erde für ihre vielfältigen Geschenke nach dem Winter, wird stets mit einem Kranz und bunten Bändern, die die Farbenpracht der Natur symbolisieren, geschmückt.

Bräute tragen einen Myrtenkranz, der ihre Reinheit und den Übergang in eine andere Lebensphase symbolisiert.

Und auch auf Gräber legen wir Kränze als Zeichen des ewigen Lebens nach dem Tod, als Symbol für die Kreisförmigkeit des Lebens von Geburt zu Tod, und auch als Siegeszeichen über die Dunkelheit von Tod und Sünde.

Abschied gestalten

Die meisten Kinder haben schon im Kindergartenalter Erfahrungen mit Abschiednehmen und auch dem Tod gemacht.

Abschiednehmen ist nicht nur ein tägliches Ritual am Abend, wenn das Kind allein ins Bett muß, und im Kindergarten, wenn Vater oder Mutter gehen.

Abschiednehmen heißt es auch, wenn Eltern sich trennen oder ein geliebtes Tier stirbt, wenn Kinder umziehen oder vom Kindergarten in die Schule wechseln. Es gibt auch Kinder, die den Tod eines Geschwisterkindes, eines Elternteiles oder der Großeltern miterleben.

Viele Kinder aus anderen Ländern leben bei uns, die eine Fülle von Abschiedsschmerz durchlitten haben. Manche Kinder mußten sich von der gesamten Familie trennen und leben jetzt im Heim, bei Pflege- oder Adoptiveltern.

Abschiednehmen ist immer mit Schmerz verbunden, aber es leitet auch eine neue Phase ein. Jeder Abschied ist ein Neubeginn. Kein Symbol kann das treffender ausdrücken als das Mandala. Das Ende ist der Anfang, der Anfang hat das Ende schon in sich drin. In jedem Samenkorn liegt nicht nur die Pflanze, sondern auch ihr Tod.

Kinder sind mit Abschied täglich konfrontiert – aber selten helfen ihnen Erwachsene, den Abschied mit einem Ritual auch sinnlich erfahrbar und tröstlich verarbeitbar zu machen. Kinder sind oft mit ihrem Abschiedsschmerz allein, weil Erwachsene Angst haben, sich ihn anzuschauen, weil Erwachsene nicht gern mit Schmerz und schon gar nicht mit Tod konfrontiert werden wollen.

Selten habe ich so viele Menschen mit Panikattacken und vielfältigen Ängsten getroffen wie gerade in den letzten Jahren, und oft steht ein völlig diffuses und angstvolles Verhältnis zu Abschied und Tod damit in Verbindung.

Mit Hilfe von Mandalas können Erwachsene und Kinder gleichermaßen über Abschied und Tod nachdenken und lernen.

Kleine Rituale können helfen, den Abschied als natürlichen Prozeß zu begreifen, an dem man wächst, aus dem man gestärkt und sicher hervorgehen kann.

Jedes Ritual sollte auf das jeweilige Kind und seine Situation zugeschnitten sein.

Es gibt jedoch Elemente und Symbole, die sich besonders eignen.

Hier einige Anregungen.

An-denken: Wenn jemand stirbt, hinterläßt er nicht nur viele Erinnerungen in den „Hinterbliebenen", sondern auch konkrete Gegenstände, die Teil des „Erbes" sind. Solche auch ganz wertlosen Gegenstände halten eine unsichtbare Verbindung zu dem, der gegangen ist, aufrecht.

Das Kuscheltier, das Schmusekissen oder die Puppe, die das Kind allabendlich mit ins Bett nimmt, hat dieselbe Funktion. Es stellt eine Verbindung zu den geliebten Eltern her. Ich habe meiner Tochter früher gern ein Seidentuch von meinem Hals mit ins Bett gegeben, wenn ich abends weg mußte oder auf Reisen war.

In Märchen verabreden mehrere Brüder häufig, einen Dolch oder einen anderen symbolischen Gegenstand an einer bestimmten Stelle zu hinterlegen, der dann jeweils Auskunft über das Befinden des anderen gibt. Wenn der Dolch blutig wird oder eine bestimmte Blume verwelkt, ist der Held in Gefahr, und der Bruder macht sich zur Rettung auf. So kann man einem Kind zum Abschied eine glänzende Murmel oder einen Halbedelstein schenken, der die glänzenden Erinnerungen an die gemeinsame Zeit festhält und der den Mittelpunkt eines gelegten Mandalas bilden kann.

Kindern im Krankenhaus hilft es, ihnen einen wie auch immer wertvollen Gegenstand zu überlassen, auf den sie aufpassen müssen, während die Eltern fort sind. Das drückt das Vertrauen der Eltern zum Kind, zu seinen Fähigkeiten und zu ihrer Verbindung auch über Entfernungen aus.

Sorgenpüppchen, das sind winzig kleine menschliche Figuren, denen das Kind abends seine Sorgen erzählen kann, werden unter das Kopfkissen gelegt und helfen, Ängste loszuwerden.

Sie könnten z. B. Bestandteil eines Mandalas sein, das ein Kind zum Abschied vom Kindergarten geschenkt bekommt und das es selber abbaut. Eßbare Dinge könnten den Abschied versüßen und aus einem Mandala heraus verteilt werden.

Ein gesticktes oder auf Seide gemaltes Mandala in Kissenform ist ein kostbares Abschiedsgeschenk.

Traumfänger, wie sie aus der indianischen Traditon kommend bei uns jetzt käuflich zu erwerben, aber auch selbst herzustellen sind, helfen, die Nächte angstfreier zu erleben.

Es sind Mandalas, die vor bösen Träumen schützen.

Väter könnten sie ihren Kindern zum Abschied schenken oder noch besser gemeinsam mit ihnen herstellen, wenn sie – aus welchen Gründen auch immer – die Familie verlassen. Der Außenkreis wird aus einem biegsamen, mit Leder umwickelten Ast gebildet. Das innere Netz besteht aus stärkerem Zwirn, der zu einem Netz geknotet und innen mit einigen Perlen ausgestattet wird. Federn, die die Verbindung zum großen Geist und Vater

Himmel herstellen helfen, weil sie dem Luftelement angehören, werden an dünnen Lederschnüren am Außenkreis befestigt.

Schön ist auch die Vorstellung, daß jedes Kind eine Blume mitbringt, die in einen Kreis gestellt wird, um den alle sitzen. Zum Abschied nimmt jedes Kind eine Blume heraus und mit nach Hause. Die unterschiedlichen Blumen symbolisieren gleichzeitig die Verschiedenheit der Menschen, die sich gemeinsam zu einem schönen Strauß zusammenfügen.

Auch ein Mandala der guten Wünsche eignet sich zum Abschiednehmen. Sie könnten auf Blütenblätter geschrieben und als Mandala zunächst zusammengestellt und dann von dem zu verabschiedenden Kind eingesammelt werden. Diese Form deutet Werden und Vergehen an und verdeutlicht, daß dies weder dramatisch noch melodramatisch, sondern ein ganz natürlicher Prozeß ist.

Etwas Neues Begrüßen

Ein neues Jahr, ein neues Kind in der Familie oder in einer Gruppe oder ein neuer Partner in der Familie sollte mit einem kleinen Ritual begrüßt werden.

Silvester im Kreis der Familie zusammenzusitzen, über die Zukunft zu spekulieren, Blei zu gießen und bestimmte Kreisspiele zu spielen, ist eine schöne Tradition.

Bekannt sind verschiedene Glückssymbole und bestimmte Speisen, die in jeder Familie ihre eigene Tradition haben. Das gemeinsame Anstoßen im Kreis gehört genauso dazu wie das Feuerwerk, das die bösen Geister vertreiben soll.

Während Silvesterbräuche recht bekannt sind, weiß niemand so recht, wie ein neues Kind im Familienkreis aufgenommen werden soll.

Als meine jüngste Tochter geboren wurde, legte eine befreundete Fotografin sie einfach auf unseren kreisrunden Küchentisch und fotografierte sie mit einer Rose in unserer Mitte – Vater, Mutter und drei Brüder. So konnte sie jeder genau sehen und anschauen – und auch Kommentare abgeben.

Begrüßungsgeschenke kann man von Geschwistern wohl kaum verlangen – manchmal jedoch werden diese in freudiger Erwartung freiwillig angefertigt.

Ein Begrüßungsritual soll beinhalten: Schön, daß du da bist, wir haben auf dich gewartet und lieben dich oder nehmen dich in unseren Kreis auf.

Das muß aber ehrlich sein.

Die zweite Frau eines Vaters kann solche Liebe nicht von vornherein erwarten – oft schlägt neuen Partnern wie auch Geschwistern Haß und Ablehnung entgegen.

Diese menschlichen Gefühle sind normal und sollten nicht gewaltsam unterdrückt werden. Jeder hat das Recht auf Ablehnung, nur darf sich diese nicht in Verletzungen äußern.

Ein kreisrunder Tisch ist ein schönes Symbol für die Offenlegung von Konflikten und für deren Lösung. Familien sollten sich zusammensetzen und Probleme und Gefühle gleichberechtigt und fair diskutieren. Das bedeutet, daß jeder **von sich** in der Ich-Form spricht und nicht den anderen anklagt oder schlecht macht.

Symbole, die eine freudige, herzliche Begrüßung, z. B. auch nach einem Krankenhausaufenthalt, unterstützen sind: Blumen, Herzen, das Pflanzen von einem Baum oder einer anderen Pflanze, ein gemeinsames Essen als Zeichen, miteinander zu teilen, ein freudiges Lied, ein Musikstück oder gar ein Triumpfmarsch, symbolisches über die Schwelle tragen oder über etwas springen, wie man das z. B. im Frühling über das Osterfeuer tut.

Ein Feuer, das zu begrüßende Wesen oder ein Glückssymbol eignen sich als Mittelpunkt eines Begrüßungsmandalas im weitesten Sinn.

Fondue, bei dem alle um ein kleines Feuer sitzen und aus einem gemeinsamen Topf essen, ist ein passendes Gericht zur Begrüßung. Es muß nicht mit Fleisch vorbereitet werden. Eine runde Riesenpizza oder ein kreisrund gebackenes Brot, von dem alle bekommen, und natürlich eine Torte sind weitere Symbole für das Gefühl: Schön, das du da bist, wir wollen mit dir alles teilen.

Danken

Nicht nur zum Erntedankfest haben wir Gelegenheit zu danken für das, was ist und was war.

Ich finde es wichtig, Kindern Dankbarkeit vorzuleben und sie zum Danken zu ermuntern: sowohl bei den Menschen, die ihnen Gutes tun oder ihnen etwas schenken, als auch bei Gott, bei Mutter Erde, beim Vater im Himmel oder wie immer sie die guten Kräfte benennen wollen, deren Wirkung täglich erfahrbar ist.

Dank muß allerdings aus dem Herzen kommen und darf nicht erzwungen werden.

Danken kann aus dankbaren Gedanken und Worten bestehen.

Ein Mandala des Dankes drückt diesen symbolisch und sichtbar aus. Dadurch erhält der Dank eine neue Dimension.

Ein Mandala des Dankens kann gemalt oder gelegt werden – das kommt ganz darauf an, für was man dankbar ist.

Früher brachten die Menschen den Göttern Opfergaben – um sie freundlich zu stimmen, vor allem aber, um zu danken.

Wenn eine Familie, eine Gruppe oder ein einzelner Mensch Dankbarkeit empfindet, sollte sie oder er sich zusammensetzen bzw. überlegen, mit welchen sichtbaren Zeichen dieser Dank ausgedrückt werden soll. Es könnte ein kleiner Teil dessen sein, was man erhalten hat bzw.

ein Symbol dafür. Ein Symbol für Gesundheit könnte z. B. eine Blume sein, ein Symbol für Reichtum Reis- oder Getreidekörner.

Eine Räucherung, die durch Verbrennen von Duftstoffen entsteht, um ein kreisrundes Feuer oder eine Räucherschale könnte die Dankbarkeit über eine Begegnung ausdrücken. Neben dem bekannten Weihrauch gibt es viele andere Stoffe, die sich zum Räuchern eignen. Die meisten kann man selber finden und trocknen.

Ein Dankeslied, im Kreis gesungen, gehört sicherlich dazu.

Finden Sie selbst mit den Kindern heraus, was paßt und angemessen ist.

Jahreszeiten-Mandalas

Die einzelnen Jahreszeiten lassen sich wunderbar im Mandala darstellen.

Lassen Sie die Kinder typische Gegenstände und Naturmaterialien der Jahreszeit selber entdecken und sammeln. Welche Farben bestimmen die Jahreszeit? Was könnte den Mittelpunkt bilden? Was gehört unbedingt dazu? Wenn die Gegenstände und Dinge, die Symbole und Farben bereitgestellt und zusammengetragen sind, legt jedes Kind nach eigenem Gefühl um den Mittelpunkt herum. Es empfiehlt sich unbedingt, schweigend zu arbeiten.

Ein Jahreszeiten-Mandala kann natürlich auch frei gemalt werden. Dazu kann ein großer Kreis in Segmente aufgeteilt werden oder nach eigenem Gutdünken von den Kindern mit jahreszeitlichen Elementen gefüllt werden. So ein Mandala muß keineswegs an einem Tag fertig werden, sondern kann die Gruppe lange beschäftigen.

Die Technik der Collage ist ebenfalls gut geeignet, eine Jahreszeit im Kreis in ihrem Wesen darzustellen. Hierzu können nicht nur Zeitschriftenfotos, sondern auch eigene Bilder und Naturmaterialien aufgeklebt werden. Bestimmte Elemente wie Glitzer, Silberpapiere von Bonbons, Ostereiern oder Pralinen, Sterne, Goldbordüren, Silberschnüre u. a. geben dem Mandala einen magischen Glanz, Kerne, Blätter, gepreßte Blüten oder Samen die jahreszeitliche Prägung.

Anti-Gewalt-Mandala

Was ist eigentlich das Gegenteil von Gewalt? In Zeiten zunehmender Gewaltbereitschaft lohnt es sich, einmal darüber nachzudenken, ja vielleicht sogar etwas dazu aufzuschreiben. Später kann die Gruppe dann gemeinsam ein Mandala gegen Gewalt legen. Hierzu wird jeder ausgeschickt, etwas mitzubringen, was das Gegenteil von Gewalt für ihn symbolisiert. Es wird schweigend und nacheinander gelegt, der Mittelpunkt ist vom Erwachsenen vorbereitet.

Wenn alle ihr Symbol gelegt haben, können Schmuckelemente dazugelegt werden – dies muß aber nicht sein. Schmuckelemente können aus Blütenblättern, Sternen, Körnern u. ä. bestehen.

Wenn das Mandala fertig ist, setzt man sich im Kreis darum herum. Jeder erläutert zunächst, warum er gerade das Symbol gewählt hat und was ihm dabei durch den Kopf ging.

Das kleine Ritual könnte mit einem gemeinsam gegebenen Versprechen, einem Lied oder Tanz im Kreis abgeschlossen werden.

Familien-Mandala

Welche besonderen Kennzeichen hat Ihre Familie? Was ist das Besondere an Ihnen? Welche Zahlen sind in Ihrer Familie vorhanden? Welche Farben passen zu Ihnen?

Es macht Spaß und stärkt das Zusammengehörigkeitsgefühl, über ein Familien-Mandala nachzusinnen und es dann zu malen oder zu legen oder als Fahne oder Wappen zu entwerfen. Gehören vielleicht bestimmte Pflanzen oder Tiere dazu? Gibt es wichtige Erlebnisse, die bildlich dargestellt werden sollten?

Gibt es Symbole aus der Familiengeschichte oder besondere Gegenstände?

Das Familien-Mandala stellt die Familie auf symbolischer Ebene dar – es ist eine Momentaufnahme, ein Abbild von dem, was hier und heute erlebt wird.

Ein kleines Ritual könnte mit einem gemeinsamen Essen von Lieblingsspeisen bei Lieblingsmusik (einigen Sie sich auf das, was alle mögen!) eröffnet werden und mit dem feierlichen Aufhängen des Wappens seinen Abschluß finden.

Auch Familienfeiern können sich eignen, so ein Familien-Mandala zu entwerfen.

Festhalten und Loslassen

Den Wechsel von Festhalten und Loslassen erleben wir im Leben immer wieder. Im Zusammensein mit Kindern spielt dieses Thema eine besondere Rolle, und der unregelmäßige Rhythmus von Festhalten und Loslassen kann uns sehr zu schaffen machen.

Nach der Schwangerschaft, in der wir eine Einheit mit dem Ungeborenen bildeten, müssen wir das Kind loslassen und gebären. Das ist für Mutter und Kind kein einfacher Weg.

Die erste Phase im Zusammensein mit dem Neugeborenen ist in der Regel ein einziges Festhalten. Das Kind braucht unsere Geborgenheit und Nahrung Tag und Nacht.

Ein gutes halbes Jahr später geht es wieder ums Loslassen. Das Kleine fängt an, sich von uns wegzubewegen und möchte seine Umgebung erkunden. Die folgenden ersten Jahre sind ein Wechselspiel von Fethalten und Loslassen. Zunehmende Selbständigkeit und kindliche Neugier und Experimentierfreude wechseln ab mit verschiedensten Ängsten und Festklammern.

In die Schule gekommen, müssen wir erleben, daß andere Menschen für unser Kind eine immer größere Rolle spielen und uns an das Loslassen erinnern... und so fort.

Auch in Paarbeziehungen, bei der Erfüllung von Wünschen und bei unseren alltäglichen Gedanken und Sorgen geht es immer wieder um Festhalten und Loslassen.

Mal verbeißen wir uns regelrecht in ein Problem, und mal löst es sich von selber auf, oder wir schaffen es, uns von dem Problem zu lösen, indem wir es loslassen.

Ein Mandala zu diesem Thema kann uns helfen, uns die Bedeutung von Festhalten und Loslassen immer wieder zu verdeutlichen und auch sinnlich erfahrbar zu machen.

Festhalten und Loslassen ist ein Ur-Rhythmus, eine Bewegung von alters her – Einzeller bewegen sich so und Quallen, die in den Meeren schwimmenden Mandalas.

Wählen Sie sich für den Mittelpunkt ein Symbol, das den Urgrund allen Seins versinnbildlichen soll. Das kann auch Leere sein oder ein weißer Kreis, vielleicht ein Ring. Legen Sie dann im Wechsel Symbole des Festhaltens, z. B. Fäden oder Ketten, Handschuhe, aufgemalte und ausgeschnittene Hände u. ä.. und Symbole des Loslassens, z. B. Federn, Murmeln, Zerbrechliches...

Verdeutlichen Sie sich beim Legen, daß es im Leben immer wieder um diese Lernschritte geht, daß dieser Rhythmus nie endet.

Ähnlich kann man mit jedem beliebigen Problem vorgehen, für das der Verstand keine Lösung findet.

Suchen Sie sich Symbole für Ihr Problem, oder schneiden Sie diese aus oder malen Sie sie auf. Ordnen Sie die Gegenstände um einen Mittelpunkt, der Ihr höheres Selbst versinnbildlichen soll. Erzwingen Sie nichts, und erwarten Sie nichts Besonderes, sondern spielen Sie mit den Gegenständen, oder lassen Sie sich von ihnen inspirieren.

Wer möchte sich wohin bewegen? Wie wäre es, wenn ich selbst das Mandala durchschreiten würde? Wie geht es mir mit den einzelnen Farben und Symbolen?

Was müßte verändert werden, damit es mir besser geht? Was sagt der eine Gegenstand zum anderen? Welche Empfehlungen werden von den Symbolen ausgesprochen?

Auf diese spielerische Weise bekommt man oft neuen Zugang zu einem alten Problem oder entdeckt sogar überraschende Lösungen.

Schutzschild

In vielen Kulturen haben früher Familien oder Gruppen Schilde oder Wappen angefertigt, die etwas über sie aussagen und sie beschützen sollen.

Heute, in einer Zeit, wo Kinder und Erwachsene von vielen Ängsten geplagt sind und viele nicht mehr an eine lebenswerte Zukunft glauben können, ist es wichtig, sich daran zu erinnern, daß wir Menschen nicht nur von Gefahren umgeben sind, sondern auch Helfer, Beschützer und Engel haben, die uns führen und behüten, wenn wir sie bitten und an ihre Stärke glauben.

In der Familie und in der Gruppe wäre es ein gutes Thema, darüber zu reden, was uns ängstigt und was uns hilft, die Angst zu überwinden, was uns erschreckt und was uns schützt. Ein Austausch über verschiedene Vorstellungen und Ideen zum Thema Schutz und Führung kann schon im Kindergartenalter stattfinden.

Die folgende Phantasiereise kann Kinder anregen, sich ein persönliches Schutzschild anzufertigen, das sie daran erinnert, „von guten Mächten wunderbar geborgen" zu sein.

Das Gedicht von Dietrich Bonhoeffer, dem Pfarrer der Bekennenden Kirche, der von den Nazis in Berlin hingerichtet wurde, kann älteren Kindern eine zusätzliche Hilfe sein. In dem Buch „Bewegte Botschaft" von Marlis Ott, finden Sie auf S.114 eine einfache Kreis-Tanz-Anleitung für diese Verse und die Musik auf CD.

Von guten Mächten treu und still umgeben
behütet und getröstet wunderbar, -
so will ich diese Tage mit euch leben
und mit euch gehen in ein neues Jahr;

noch will das alte unsre Herzen quälen
noch drückt uns böser Tage schwere Last.
Ach, Herr, gib unseren aufgeschreckten Seelen
das Heil, das du für uns geschaffen hast.

Laß warm und hell die Kerzen heute flammen,
die du in unsre Dunkelheit gebracht,
führ, wenn es sein kann, wieder uns zusammen!
Wir wissen es, Dein Licht scheint in der Nacht.

Von guten Mächten wunderbar geborgen
erwarten wir getrost, was kommen mag.
Gott ist bei uns am Abend und am Morgen,
und ganz gewiß an jedem neuen Tag.

Dietrich Bonhoeffer

Phantasiereise

(Die Pünktchen deuten Sprechpausen an)

Mach es dir ganz bequem und spüre, wo dein Körper den Stuhl oder den Boden berührt ... bemerke, wie dein Atem kommt und geht, ganz von allein ... und wo der Körper bewegt wird vom Atem ... Wenn du willst, kannst du dir deinen Einatem blaugolden vorstellen, frischer unverbrauchter Sauerstoff, und deinen Ausatem grau ... und mit ihm fließen alle Sorgen und Gedanken aus deinem Körper heraus ... und vielleicht kannst du dich schon jetzt auf einen Punkt zwischen deinen Augen konzentrieren, und diesen Punkt zu einem Kreis ausdehnen..., der immer weiter und weiter wird, während du weiter und weiter atmest ... Und dieser Kreis , der weiter und weiter wird, schließt alles ein ... und du und der Kreis, ihr seid eins ... und jetzt bitte dein Selbst, dir ein Bild zu schenken von deinem persönlichen Schutz, laß irgendein Bild vor deinem inneren Auge entstehen, was diesen Schutz symbolisiert ... Vielleicht ist es ein Engel oder ein Tier, eine Pflanze, ein bestimmter Mensch, ein Zauberstein oder ein Umhang aus Licht ... oder einfach nur eine Farbe oder eine Form ... laß alles zu was geschieht, bewerte nichts, erwarte nichts...und sieh dir deinen persönlichen Schutz genau an...Und dann bedanke dich für dieses innere Bild...und komm ganz allmählich und in deinem eigenen Tempo wieder hierher in den Raum, bewege Hände und Füße...Reck dich und streck dich...und komm hierher zurück, erfrischt und wach.

Für das anschließende stille Malen oder Kleben dieses persönlichen Schutzschildes werden Materialien für Collagen, Pinsel, Farben, Stifte etc. bereitgestellt. Die Auswahl sollte möglichst breit sein und Platz für die Vorstellungen der Kinder lassen. Für die Schilde selbst sollten kreisrunde Pappscheiben benutzt werden. Denkbar wäre auch Filz als Kreisgrundlage, der dann auf ein größeres Stück Stoff aufgenäht wird. Die Symbole müßten dann aufgenäht werden, was nur älteren Kindern gelingen kann.

Glitzer, Sternchen und andere leicht handhabbare Materialien wie z. B. schon vorher ausgeschnittene Bilder können auch sogenannten ungeschickten Kindern zu Erfolg verhelfen.

Sieben Fragen und Antworten zu Mandalas

1. Wer kann Mandalas malen?

Im Alter von ungefähr vier Jahren malen alle kleinen Kinder auf der Welt irgendwann spontan einen Kreis. Später wird manchmal ein Gesicht daraus, manchmal eine Sonne, manchmal wird ein Kreuz eingefügt. Dies ist der Anfang. Kinder sind spontan von Kreisen fasziniert, und wenn man sie nicht unterbricht, erfinden sie immer neue „Kreis-Ideen". Mit zunehmendem Alter läßt die Faszination an Kreisbildern jedoch nicht nach.

Sechsjährige lieben sie genauso wie Sechszehnjährige oder Sechzigjährige. Vom Kindergartenkind bis zum Altersheimbewohner gibt es kaum einen Menschen, der nicht Lust hat, sich mit Mandalas zu beschäftigen. Beim Mandala-Malen gibt es keine Mißerfolge – ausmalen kann fast jeder.

Allerdings sollten alle, die mit Mandalas umgehen, wissen, daß die Beschäftigung damit immer freiwillig und nie erzwungen sein sollte. Zwang und Druck widersprechen dem Symbol des Kreises.

2. Warum sollten Mandalas still gemalt werden?

Lassen Sie das die Kinder selber ausprobieren. Wer still malt, entdeckt mehr und kann sich besser konzentrieren. Wer still malt, kann in Kontakt mit dem Mandala kommen, sich wirklich darauf einlassen. Die Stille ernährt, der Lärm verbraucht, heißt es treffend in einem Spruch.

3. Sollte man beim Mandala-Malen Musik hören?
Musik kann eine ruhige Stimmung unterstützen, wenn sie selber ruhig ist. Eine bestimmte Melodie, die Sie aussuchen, kann wie ein Anker wirken, der dem Gehirn sagt: Immer, wenn diese Musik ertönt, kannst du ganz ruhig werden.

Auch hierbei sollten die Kinder entscheiden dürfen: Hilft uns die Musik oder nicht?

Entscheiden Sie sich für eine Musik, die Ihnen passend erscheint – und fragen Sie dann die Kinder, ob sie einverstanden sind.

Bei älteren Kindern kann leicht Streit darüber ausbrechen, welche Musik nun die passendste ist. In solchen Fällen läßt man die Musik besser weg.

Bei langsamer Musik können bei manchen Menschen traurige Gefühle hochkommen, die dann vielleicht in der Gruppe nicht aufgefangen werden können.

Wenn man sich für Musik entscheidet, sollte man also ganz bewußt darüber nachdenken, welche Gefühle sie in der bestimmten Gruppe auslösen könnte und eine behutsame Auswahl treffen.

4. Haben Mandalas etwas mit Religion zu tun?
Mandalas sind älter als alle Religionen und älter als die Menschheit. Aber seit es Menschen gibt, haben sie die Wirkung der Kreise auf sich entdeckt und sie für ihre jeweiligen religiösen Zwecke benutzt. Mandalas kommen also in allen Religionen vor, aber auch außerhalb jeder Religion. In Kindergruppen sind heute viele Religionen vertreten, und es gibt auch viele nicht religiös erzogene Kinder. Alle diese Kinder werden durch Mandalas angeregt, sich mit dem Wesentlichen zu beschäftigen, eine höhere gute Ordnung anzuerkennen und sich in etwas Vollkommenem geborgen zu fühlen. Das geschieht freiwillig, ohne moralischen Zeigefinger und ohne jede

Dogmatik. Genauso, wie man in einer Blume eben nur eine Blume oder auch Gott erkennen kann, sind Mandalas ein Weg, das Göttliche zu entdecken, wenn man es sucht. Mandala heißt Kreis. Und der Kreis schließt niemanden aus.

5. Warum sollen Mandalas nicht bewertet werden?

Kinder werden heute schon vorgeburtlich durchgecheckt und immer wieder getestet und geprüft. Unser ganzes Leben ist von Bewertungen begleitet, und überall geht es um Leistung und materiellen Wert. Wer Ruhe finden möchte, muß vom herkömmlichen Leistungsstreben und den nichtendenwollenden Bewertungen Abstand nehmen.

Mandalas laden zum Durchatmen und Pausemachen ein. Sie führen weg von Alltagsgedanken und wollen uns auf unsere Mitte, auf das Wesentliche konzentrieren.

Die Mitte kennt keine Bewertung, sie **ist** einfach. Wer Mandalas malt, darf sich angenommen und eins fühlen. Als Symbole unendlicher und bedingungsloser Liebe schließen sie jede Bewertung aus.

6. Wie lange können sich Kinder mit Mandalas beschäftigen?

Das hängt ganz von dem Zusammenhang ab, in den Mandalas eingebettet werden. Im Kindergarten und in der Schule reichen vielleicht schon zehn Minuten, um eine stille friedliche Atmosphäre entstehen zu lassen. Im Freien, verbunden mit Bewegung und spielerischen Aufgaben, vergeht eine Stunde wie im Flug. Vorstellbar ist ein Projekttag mit Mandalas, und ohne weiteres könnte man eine ganze Projektwoche mit Mandalas gestalten – man denke nur an den Besuch von Ausstellungen oder die Gestaltung des Schulhofes oder des Gebäudes.

„Mehr desselben" ist jedoch nicht immer ein guter Weg. Wie die Mandalas selbst vielfältige Farben, Formen und Symbole zulassen, sollte jeder, der mit Gruppen zu tun hat, sensibel genug sein, um zu spüren, wann es an der Zeit ist, etwas ruhen zu lassen, um es später in einem anderen Zusammenhang und mit einer neuen Fragestellung wieder aufzugreifen.

7. Wo sind Mandalas erhältlich?

Überall. Schauen Sie sich nur um. Wenn gerade kein Löwenzahn wächst, fällt vielleicht Schnee, oder Sie entdecken im Biologie-Unterricht plötzlich ein Mandala unter dem Mikroskop. Sie finden Mandals auf keltischen Grabsteinen, in Kirchen, im Wald, im Garten, in Museen – und natürlich auch in Buchhandlungen. Mandala-Malblöcke sind nur ein Weg, sich diesem Thema anzunähern. In Holland gibt es sogar schon eine Mandala-Zeitung. Ich lasse mich gern überraschen, und wenn mir wieder mal ein Kreis begegnet, muß ich lächeln.

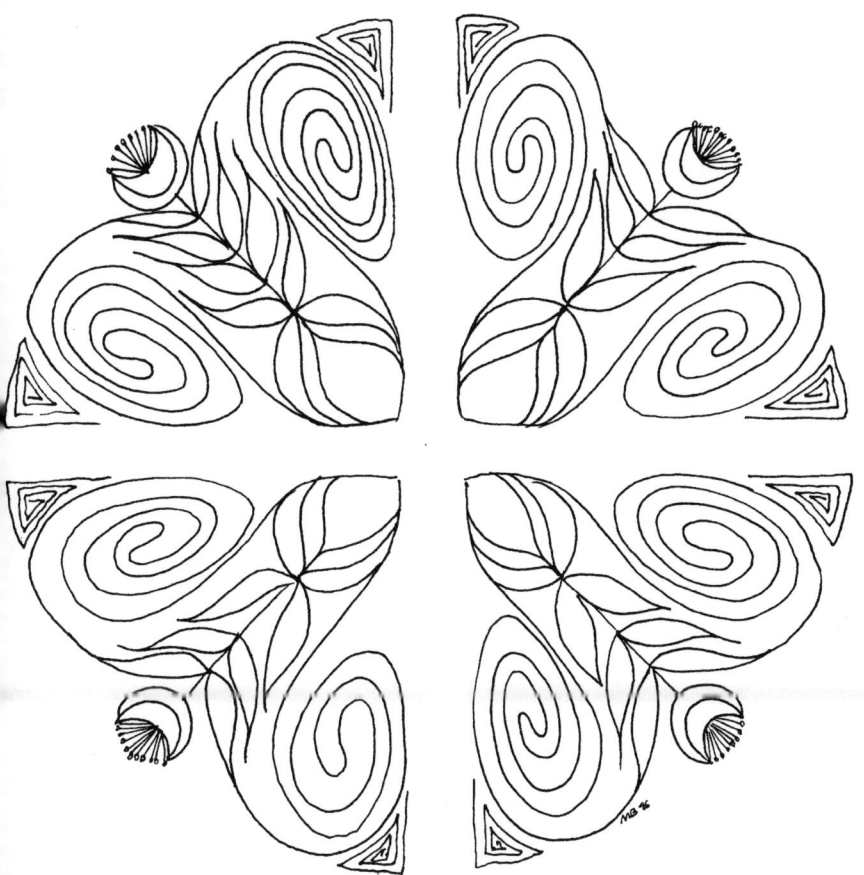

Literatur

Argüelles, José und Miriam: Das große Mandala-Buch, Braunschweig, 4. A.1996,

Biedermann, Hans: Knaurs Lexikon der Symbole, München 1989

Brauen, Martin: Das Mandala; Der heilige Kreis im tantrischen Buddhismus, Köln 1992

Copony, Heita: Das Mysterium des Mandalas, Grafing, 2. A. 1993

Czikszentmihalyi, Mihaly: Kreativität; Wie Sie das Unmögliche schaffen und Ihre Grenzen überwinden, Stuttgart 1996

Dahlke, Rüdiger: Mandalas der Welt; ein Meditations- und Malbuch, München 2. Aufl. 1991

Dörig, Bruno: Schenk dir ein Mandala, Bd. 1, 2, 3, Eschbach 1996

Fiala, Helga: Selbsterfahrung mit Mandala; Geschichtliche Entwicklung, Selbsterfahrung durch Ausmalen des Mandalas, Mandalas für Kinder, Steyr 1996

Fincher, Susanne F.: Mandala Malen; Der Weg zum eigenen Zentrum, Braunschweig 1992

Frischknecht, Johannes: Mandalas, Oberegg 1994

Frohn, Birgit/Uber, Heiner: Xokonoschtletl: Medizin der Mutter Erde, Die alten Heilweisen der Indianer, München 1996

Heller, Eva: Wie Farben wirken, Reinbek 1991

Holitzka, Klaus/Niemuth, Jochen: Das Mandala als Grundstruktur des Universums, Seeon 1994

ders. Keltische Mandalas, Darmstadt 1996

Huyser, Anneke: Das Mandala-Arbeitsbuch, München 1996

Jung, C. G.: Mandala, Bilder aus dem Unbewußten, Solothurn und Düsseldorf 11. A. 1995

Lander, Hilda Maria/Zohner, Maria-Regina: Meditatives Tanzen, Stuttgart, 3. A. 1993

Liebig, Vinzent: Spiralen des Seins, Wahrnehmen und Gestalten, Braunschweig 1996

Mandala-Symbole der Kulturen, München 1996

Maschwitz, Gerda und Rüdiger: Aus der Mitte malen – heilsame Mandalas, Anregungen für Kinder, Jugendliche und Erwachsene

Minker, Margaret: Der Mondring, Feste und Geschenke zur ersten Menstruation, München 1996

Ott, Marlis: Bewegte Botschaft, Liedtänze zum Tages- Jahres- und Lebenskreis, Eschbach 1996

Riedel, Ingrid: Formen, Kreis, Kreuz, Dreieck, Quadrat, Spirale, Stuttgart 1985

dies. Farben in Religion, Gesellschaft, Kunst und Psychotherapie, Stuttgart 1983

Sun Bear: Das Medizinrad-Praxisbuch, Übungen zur Heilung der Erde, München 1991

Tucci, Guiseppe: Geheimnis des Mandala, Der asiatische Weg zur Meditation, 2. A.1995

Wosien, Maria-Gabriele: Sakraler Tanz, Der Reigen im Jahreskreis, München 1988

Quellennachweis der Abbildungen

Die freistehende Ziffer bezieht sich jeweils auf die genannte Quelle, die Ziffer in Klammern auf dieses Buch.

Dahlke, Rüdiger: Mandalas der Welt; ein Meditations- und Malbuch 19 (17); 63 (43)

Fiala, Helga: Selbsterfahrung mit Mandala; Geschichtliche Entwicklung, Selbsterfahrung durch Ausmalen des Mandalas, Mandalas für Kinder 102 (9)

Holitzka, Klaus/Niemuth, Jochen: Das Mandala als Grundstruktur des Universums 19 (16); 137/138 (29); 140 + 145 (34); 164 (39); 80 (72); 89/90 (74)

Huyser, Anneke: Das Mandala-Arbeitsbuch 66 (118)

Lessing, Erich/Vencesla Kruta: Die Kelten 13, 113 (24)

Sun Bear: Das Medizinrad-Praxisbuch, Übungen zur Heilung der Erde 21 (26)

Wosien, Maria-Gabriele: Sakraler Tanz, Der Reigen im Jahreskreis 40/41 (48)

Die *Mandalas zum Ausmalen* stammen aus „Kinder malen Mandalas", Bde. I und II, © Verlag am Eschbach 1996 und 1997. Doris Bentele: S. 56; Max Bosshart: S 51, 107, 120, 142, 153; Monika Krenn: S. 20, 88, 98; Adrian Müller: S. 65; Clara-Maria Papale: S. 32, 96.

Leben mit Kindern

Doro Kammerer
Zärtlicher Abschied vom Tag
Einschlafrituale für Kinder
ISBN 3-451-26365-3
Was Eltern tun können, wenn Kinder nicht schlafen gehen wollen.

Hans-Jürgen Friese/Antje Friese
Manchmal habe ich solche Angst, Mama
Wie Eltern ihren Kindern helfen können
ISBN 3-451-26219-3
Mit vielen konkreten Beispielen.

Daniela Liebich
Mit Kindern richtig reden
Wirksam erzählen, ermahnen, erklären
160 Seiten, Klappenbroschur
ISBN 3-451-26155-3
Regeln und Tips für ein lebendiges Miteinander – ohne Streß und Frust.

Gisela Preuschoff
Kinder zur Stille führen
Meditative Spiele, Geschichten und Übungen
160 Seiten, Klappenbroschur
ISBN 3-451-23897-7
Die Autorin gibt konkrete Tips, wie Kinder auf den Weg der Ausgeglichenheit zurückgeführt werden können.

Cordelia Alber-Klein/Regina Hornberger
Das Bach-Blüten-Buch für die Familie
Kinder und Eltern entdecken sich selbst
Mit Farbabbildungen der 38 Bach-Blüten
160 Seiten, Klappenbroschur
ISBN 3-451-23787-3
Ein Buch für alle Eltern, die zusammen mit ihren Kindern positive Erfahrungen in sanfter Gesundheit und bei der Persönlichkeitsfindung machen wollen.

HERDER

Patricia H. Berne/Louis M. Savary
Kinder brauchen Selbstvertrauen
Tips und Ratschläge für Eltern
Aus dem Amerikanischen von Peter Brandenburg
160 Seiten, Paperback
ISBN 3-451-23752-0
Das Fundament für ein glückliches Leben wird in der Kindheit gelegt.

Lone Hertz
Ich sage nichts, weil ich mich vor der ganzen Welt fürchte
Eine Mutter baut ihrem autistischen Sohn Brücken ins Leben
Aus dem dänischen von Ilse Bauer
256 Seiten, Paperback
ISBN 3-451-23742-3
Diagnose Gehirnschaden: Eine Mutter findet Zugang in die verschlossene Welt ihres Sohnes.

Armin Krenz
Was Kinderzeichnungen erzählen
Mit 8 Farbtafeln und zahlreichen s/w Abbildungen,
ca. 192 Seiten, Klappenbroschur
Kinder in ihrer Bildersprache verstehen
ISBN 3-451-23695-8
Symbole und Farben aus Kinderzeichnungen, erklärt von dem erfahrenen Therapeuten und Pädagogen Armin Krenz.

Norbert Gürtler/Doro Kammerer
Stillwerden und entspannen
Vorlesegeschichten zum autogenen Training für Kinder
128 Seiten, Paperback
ISBN 3-451-23638-9
Überreizte Kinder – Autogenes Training schafft tiefgreifende Erfolge.

Gertrud Kaufmann-Huber
Kinder brauchen Rituale
Ein Leitfaden für Eltern und Erziehende
160 Seiten, Paperback
ISBN 3-451-23574-9
Rituale sind wichtig für die kindliche Entwicklung, aber die richtigen müssen es sein.

HERDER

Praxisnah

Mandalas zum Ausmalen
Malblocks und Malhefte

Kinder malen Mandalas

Je 24 Blätter zum Ausmalen (21 × 27 cm) mit einfarbigen Malvorlagen. In Gemeinschaft mit dem noah-verlag, Oberegg (Auslieferung Schweiz). Je DM/sFr. 14,80/öS 110,00.

KINDERMALBLOCK 1:
Blatt 1 – 24. 3. Auflage 1997. Bestell-Nr. 3–88671–**175**–7

KINDERMALBLOCK 2:
Blatt 25 – 48. 1. Auflage 1998. Bestell-Nr. 3–88671–**182**–X

Bruno Dörig (Hrsg), Mandalas zum Ausmalen

Je 32 Blätter (21 × 27 cm) mit einfarbigen Malvorlagen. In Gemeinschaft mit dem noah-verlag, Oberegg (Auslieferung Schweiz). Je DM/sFr. 20,00/öS 160,00.

MALBLOCK 1:
Blatt 1–32. 8. Auflage 1997. Bestell-Nr. 3–88671–**931**–6

MALBLOCK 2:
Blatt 33 – 64. 4 Auflage 1997. Bestell-Nr. 3–88671–**861**–1

Schenk dir ein Mandala

4 Hefte mit Bildern zur Mitte und Mandalas zum Ausmalen.
42 einfarbigen, 8 vierfarbigen Abbildungen, 116 Seiten.
DM/sFr. 26,00/öS 195,00. Bestell.-Nr. 3–88671–**5000**

Alle Preise unverbindlich empfohlen.

Verlag am Eschbach GmbH
Im Alten Rathaus/Hauptstr. 37
D-79427 Eschbach/Markgräflerland